EDIÇÕES BESTBOLSO

Édipo Rei

Sófocles viveu aproximadamente de 496 a.C. a 406 a.C. Foi um grande dramaturgo grego, filho de um rico mercador de armas. Nascido na cidade de Colono, próxima à Atenas, escreveu 123 peças ao longo da vida, mas apenas sete se mantiveram completas até a atualidade. Foi contemporâneo de Ésquilo e Eurípedes, dois outros grandes trágicos gregos. Suas tragédias foram vencedoras de diversos concursos dramáticos sediados em Atenas. As peças mais conhecidas de Sófocles fazem parte da Trilogia Tebana, composta por *Antígona, Édipo Rei* e *Édipo em Colono.*

SÓFOCLES

ÉDIPO REI

LIVRO VIRA-VIRA 1

Tradução de
DOMINGOS PASCHOAL CEGALLA

Prefácio à edição de bolso
DULCILEIDE V. DO NASCIMENTO BRAGA

Ilustrações de
MAURÍCIO VENEZA

1ª edição

RIO DE JANEIRO – 2016

CIP-BRASIL. CATALOGAÇÃO NA FONTE
SINDICATO NACIONAL DOS EDITORES DE LIVROS, RJ

S664e
1ª ed.

Sófocles, 496 a.C.-406 a.C.
Édipo Rei: livro vira-vira 1 / Sófocles; tradução Domingos Paschoal Cegalla. - 1ª ed. - Rio de Janeiro: BestBolso, 2016.
12 × 18 cm.

Tradução de: ΟΙΔΙΠΟΥΣ ΤΥΡΑΝΝΟΣ
ISBN 978-85-7799-467-0

1. Teatro grego (Tragédia). I. Cegalla, Domingos Paschoal. II. Título.

14-16605

CDD: 882
CDU: 821.14'02-2

Édipo Rei, de autoria de Sófocles.
Título número 413 das Edições BestBolso.
Primeira edição impressa em abril de 2016.
Texto revisado conforme o Acordo Ortográfico da Língua Portuguesa.

Título original grego:
ΟΙΔΙΠΟΥΣ ΤΥΡΑΝΝΟΣ

www.edicoesbestbolso.com.br

Design de capa: Luciana Gobbo.

Impresso no Brasil

ISBN 978-85-7799-467-0

Apresentação*

Édipo Rei, de Sófocles, é uma das obras-primas da literatura universal, por isso sempre despertou interesse no mundo ocidental, desde que foi representada pela primeira vez, em Atenas, no ano 430 antes da era cristã.

A famosa lenda do rei Édipo, genialmente trabalhada por Sófocles, ainda hoje é lida com emoção. E também representada, pois, como peça teatral, só atinge a sua força dramática total com a encenação no palco. De qualquer forma, o impacto dessa tragédia sobre a nossa sensibilidade é muito forte.

Em síntese, *Édipo Rei* é a história do herói que luta contra as forças invisíveis do Destino e da Fatalidade, mas é por elas derrotado e inexoravelmente destruído. O alicerce dessa trágica história é a descoberta do assassino de Laio, rei de Tebas, a quem Édipo sucedera. A cidade está sendo assolada pela peste e, segundo o oráculo de Apolo, só poderá

---

*Texto originalmente publicado pela Editora Difel, em 1999. (*N. do E.*)

ficar livre do flagelo depois que o criminoso for descoberto e punido. E esse criminoso, diz o vaticínio, está em Tebas.

Sófocles conduz a ação dramática e entrelaça os acontecimentos com admirável maestria. Os fatos se passam natural e linearmente, mantendo o leitor, ou o espectador, em crescente expectativa até o desenlace.

Os diálogos são belos, vigorosos, vibrantes; em alguns deles lampejam ironias e explode a cólera. Espelham com nitidez os sentimentos e o caráter dos personagens.

Entre as diferentes partes do drama, o Coro, composto de cidadãos tebanos, manifesta suas impressões acerca dos acontecimentos, faz reflexões de caráter moral, aconselha, exprime suas apreensões, invoca o auxílio dos deuses, exalta os feitos de Édipo e lamenta as desgraças que se abatem sobre o rei amigo, vítima da Fatalidade.

É nos versos cantados pelo Coro que se manifesta o lirismo singelo e encantador de Sófocles.

Contemporâneo de Ésquilo e Eurípedes, o poeta forma com eles a gloriosa tríade da tragédia grega. Nascido em Colono, povoado perto de Atenas, por volta de 496 a.C., estudou e viveu nessa cidade ao longo do século V a.C., o século de Péricles, sem dúvida o mais brilhante período da civilização grega.

Em sua longa vida, que teve fim em 406 a.C., ele se dedicou quase exclusivamente à arte dramática.

Escreveu mais de cem peças, mas apenas sete chegaram até nós. Dentre essas destacam-se *Antígona* e *Édipo Rei*. Foi o poeta mais premiado de seu tempo.

Homem de bela aparência, amável, equilibrado e sereno, dramaturgo de raro talento, cedo conquistou a glória e a simpatia dos atenienses, que, depois da morte dele ergueram um pequeno santuário em sua homenagem, onde o veneravam como a um herói.

É oportuno lembrar que o teatro grego não era representado em um recinto fechado, mas aberto, sem cobertura, ao ar livre. As arquibancadas para os espectadores, construídas na encosta de uma colina, formavam um grande semicírculo, na frente do qual ficava a *orquestra*, área circular destinada aos atores, ao Coro e aos músicos. Atrás da orquestra, bem visível aos espectadores, erguia-se o cenário. Ainda existem ruínas desses teatros gregos, como o *Teatro de Dioniso*, em Atenas, e o de *Epidauro*, o mais bem-conservado. Neles, os atores usavam grandes máscaras para amplificar a voz e altos coturnos para lhes aumentar a estatura.

Minha tradução foi feita diretamente do texto grego organizado pelo helenista italiano Domenico Bassi em *Edipo Re*, editora Carlo Signorelli, Milão,

1946. Muito úteis me foram os comentários que acompanham o texto de Bassi, bem como os do helenista francês Ch. Georgin em *Œdipe-Roi*, 2ª edição, Hatier, Paris, 1931.

Para facilitar a compreensão do texto, anexei à presente tradução para o português numerosas notas de rodapé.

Como todas as tragédias gregas, *Édipo Rei* foi composta em versos. Adotei a forma poética apenas na parte lírica, usando ora o verso livre, ora o verso metrificado. Quanto aos diálogos, optei pela tradução em prosa, que apresenta a dupla vantagem de imprimir à fala dos personagens mais naturalidade e de permitir expressar com mais fidelidade e precisão o conteúdo do texto original.

Devo advertir, por último, que no texto grego ocorrem várias passagens obscuras, passíveis, consequentemente, de mais de uma interpretação.

Ao entregar ao público esta tradução de *Édipo Rei* em língua portuguesa, não pretendo outra coisa senão contribuir para a divulgação da mais perfeita criação dramatúrgica daquele a quem Cícero chamava de *divino poeta*, uma obra que atravessou os séculos, sempre admirada e aplaudida.

Domingos Paschoal Cegalla

Prefácio à edição de bolso

Édipo Rei e *Antígona*

"Maravilhas sem conta há neste mundo,
Mas a maior de todas é o homem." – Antígona

As narrativas da vida de Édipo e de seus filhos foram múltiplas na Antiguidade Clássica, bem como as releituras inspiradas no mito dos Labdácidas (designação para os ancestrais de Édipo, pois Laio – pai de Édipo – era filho de Lábdaco, rei de Tebas), que se propagam por todas as gerações. Entretanto, nenhuma versão se tornou tão lida, propagada e comentada como a das tragédias de Sófocles *Édipo Rei* e *Antígona*, obras que compõem esta edição e que, mesmo que mantenham uma unidade literária isolada, delineiam o início e o fim deste mito. Essas tragédias foram tão apreciadas na Atenas do século V a.C., quando foram inicialmente apresentadas, que *Édipo Rei* foi considerado por Aristóteles "o exemplar perfeito de tragédia", e, por conta de *Antígona*, o governo de Samos foi oferecido a Sófocles. Mas a pluralidade de interpretações e os questionamentos decorrentes da leitura dessas peças ainda fascinam e provocam reflexões até os dias atuais.

Segundo Nietzsche, a importância da tragédia está na reflexão que ela proporciona. Mas como uma realidade baseada em mitos gregos pode levar o homem contemporâneo à reflexão? Sigmund Freud nos responde ao afirmar que os destinos de Édipo e de Antígona "nos comovem apenas porque poderia[m] ter sido o nosso", ou seja, seus dramas continuam sendo vividos por cada um de nós.

As personagens sofocleanas são moldadas em carne e osso, pois refletem as mesmas paixões, sentimentos, altivez e autenticidade tão peculiares a qualquer um de nós, de qualquer época, fazendo com que a dimensão do ser humano e que a ação trágica revestida de ética e, por vezes, de religiosidade – que se interpenetram e se condicionam reciprocamente na obra trágica – continuem ecoando nas mentes e almas. Sófocles estrutura a ação dramática aproximando-a ao máximo do caráter das personagens, humanizando-as. E como nos assegura Vernant: "É em função deste contexto que se estabelece a comunicação entre autor e seu público do século V, e que a obra pode reencontrar, para o leitor de hoje, sua autenticidade e todo peso de significações."

Portanto, essa identificação atemporal com a narrativa de Sófocles, mesmo para os leitores modernos, está no reconhecimento do homem acerca de sua impotência face ao destino, o qual o ser humano tenta controlar ao buscar as "suas verdades" quando se encontra em situações-limite, como as apresentadas nas duas obras. Mas, na mesma proporção que essas situações são apresentadas, o nosso "escultor de homens" aponta a solução na conclusão do Coro de *Antígona*:

> O fundamento da felicidade
> sempre foi e será a sensatez. [...]
> afinal, na velhice, lhes ensina
> a ser prudentes, moderados e sensatos.

Sófocles, ao humanizar a tragédia, reveste suas obras de um ideal de conduta. Nelas encontramos desenvolvidas a ideia de *métron* [medida] como força divina que governa o mundo e cuja ausência causa toda espécie de danos à humanidade. As personagens, portanto, são construídas pela tensão dialetal entre o exercício da liberdade humana e a imposição fixada pelos deuses, por meio de adivinhos e de oráculos: algo é profetizado, as pessoas tentam evitar a profecia, acreditam que estão salvas, mas a profecia se cumpre. Entretanto, Sófocles não criou fantoches, vítimas da imposição dos deuses, mas personagens cujo destino é decorrente das ações e que, como todos nós, sofrem vicissitudes na vida. Portanto, o maior drama de Édipo e de Antígona é o interior, é o drama da *krísis* [escolha], que fatalmente os levará à catástrofe. Assim afirma o Coro em *Édipo Rei*:

> Ah! Gerações humanas, ah! Mortais!
> não passa de ilusão a vossa vida.
> Qual o mortal que, tendo conseguido
> provar um pouco de felicidade,
> bastante para se dizer feliz,
> não a perdeu assim que ele julgou
> que o destino jamais lhe roubaria?
> Teu exemplo, teu trágico destino,
> ó desditoso Édipo, me ensina
> a não chamar feliz nenhum mortal

E mesmo que Sófocles, segundo a *Poética* de Aristóteles (1460b 33), pintasse os homens como deviam ser, seu discurso idealista não desvincula as personagens da realidade, mas, ao contrário, o público conseguia, e ainda hoje consegue, se identificar com os seus sofrimentos e admirar suas atitudes, que têm como objetivo o coletivo, preservando e melhorando a sociedade em que estavam inseridas. Ou seja, Sófocles aprimora suas personagens de acordo com o tema da narrativa mítica, por meio de traços oferecidos pelos relatos míticos, de modo que o público/leitor as aceitasse como reais e verossímeis.

Em *Édipo Rei*, o protagonista, ao responder o enigma da Esfinge, não só a destrói, mas começa a sua trajetória rumo ao autoconhecimento, ou ao que Aristóteles na *Poética* define como "a passagem da ignorância ao conhecer". Mas, independentemente de sua busca, a obra de Sófocles evidencia que toda ação humana é suscetível ao erro, pois mesmo que o homem seja o elemento central das duas obras deste grande dramaturgo grego, o ser humano não consegue fugir do desígnio dos deuses e das consequências dos seus atos. Nisto consiste o trágico, ou seja, na impossibilidade de controlar a dor e o que rotulamos de destino.

Já em *Antígona*, Sófocles leva a personagem principal e seu opositor Creonte a concretizarem seus destinos por meio de suas ações e escolhas:

o conflito entre dois princípios morais – a lei do Estado e o direito familiar. O caráter de Antígona está revestido de sentimentos como respeito, lealdade, amor por seu irmão e por sua família, que a impelem a desafiar o édito de Creonte.

Vemos refletido nessas tragédias o próprio homem, segundo Nietzsche: "Um ser dividido, tensional, limitado, por isso mesmo frágil." Por essa razão, Sófocles continua sendo lido até hoje, pois ele, mais do que qualquer outro de sua época, conseguiu refletir a essência humana com seus conflitos e buscas. Identificamo-nos com suas personagens porque concordamos com Guimarães Rosa: a tragédia está em toda parte. E Sófocles demonstra isso ao sintetizar o drama humano da existência.

Esta edição, portanto, é primorosa por vários motivos: a tradução diretamente do grego feita por Domingos Paschoal Cegalla busca resgatar em vernáculo a força da seleção vocabular da língua grega – algo que seria impossível se a tradução fosse feita a partir de outra língua que não a original; a apresentação introduz o leitor ao contexto da vida do autor e resume a obra para que o leigo não sinta dificuldades em entender o que é narrado nas tragédias; e as notas de rodapé oportunas e pontuais dão conta de ampliar o entendimento do texto.

Nas palavras de Walter Nestle: "A tragédia toma como objeto o homem [...] que é coagido a fazer uma escolha definitiva, a orientar sua ação num universo de valores ambíguos onde jamais algo é estável e unívoco." Portanto, mesmo que inúmeras releituras dessas duas peças tenham ocorrido, jamais conseguiremos esgotar seus ensinamentos.

Podemos dizer que o objetivo de Sófocles foi alcançado. Suas peças continuam a nortear os passos da humanidade no caminho pelos labirintos existenciais e no incessante aprendizado humano sobre o eterno "conhece-te a ti mesmo". No embate dos *métrons* ultrapassados, resta-nos voltar o olhar para Édipo e Antígona e observar as experiências humanas, que, embora relacionadas a condições sociais e psicológicas definidas, nos auxiliam a enfrentar os enigmas das esfinges, sem sermos devorados por elas, para que possamos, no percurso da vida, contrariar o desígnio final do Coro de *Édipo Rei*, alcançando o marco final "livre de qualquer desgraça"!

Uma boa leitura!

Dulcileide V. do Nascimento Braga
Doutora em Letras Clássicas
Subchefe do Departamento de Letras Clássicas e Orientais da UERJ

A GENEALOGIA DE ÉDIPO

DE ACORDO COM SÓFOCLES

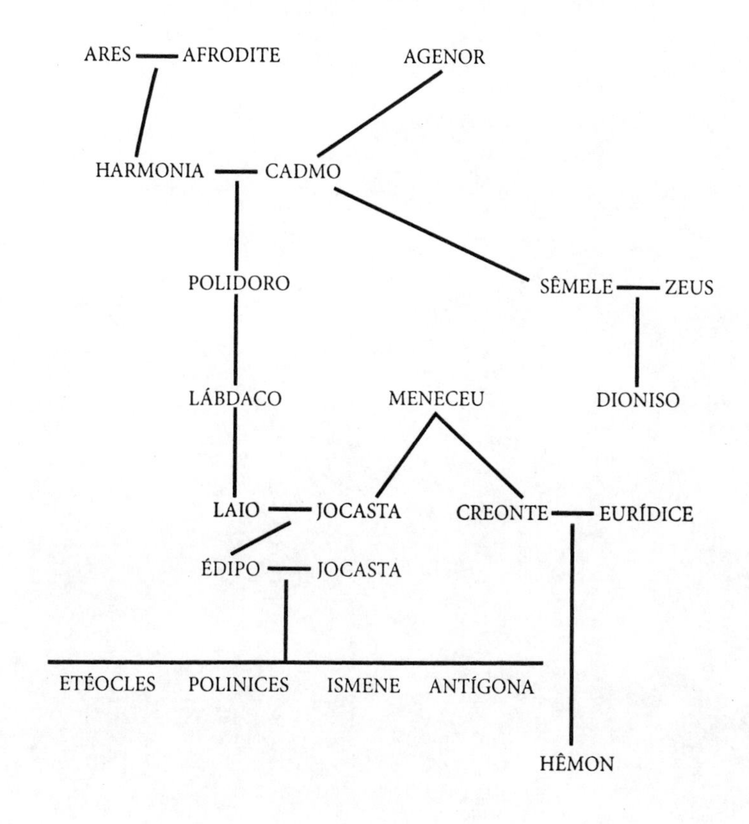

A GENEALOGIA DE ÉDIPO
DE ACORDO COM SÓFOCLES

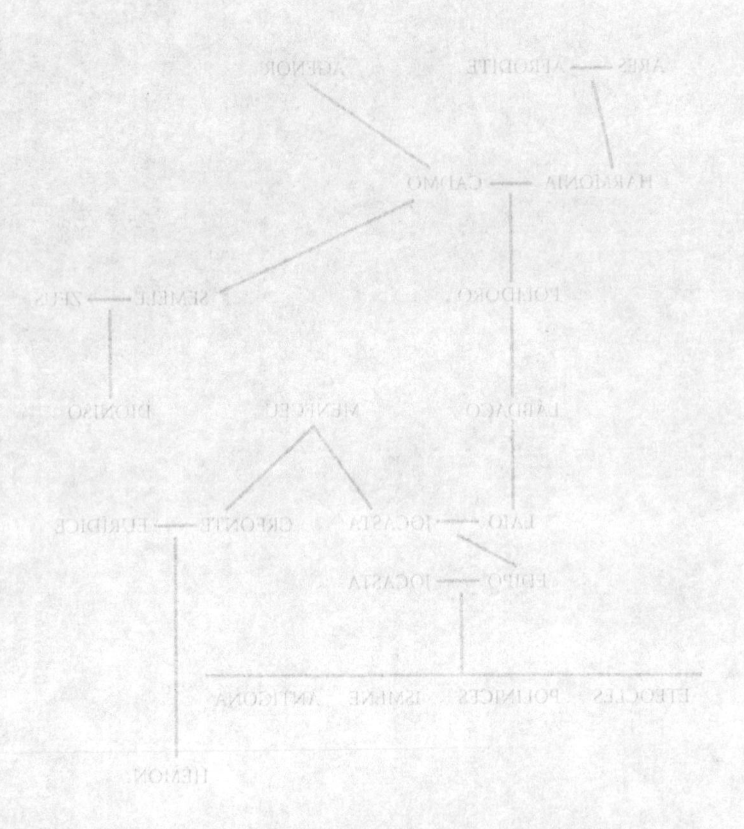

Personagens do drama

ÉDIPO, REI DE TEBAS, FILHO E SUCESSOR DE LAIO

O GRÃO-SACERDOTE

CREONTE, IRMÃO DE JOCASTA

TIRÉSIAS, ADIVINHO, CEGO E VELHO

JOCASTA, ESPOSA DE ÉDIPO

O MENSAGEIRO DE CORINTO

O SERVO DE LAIO

O MENSAGEIRO DO PALÁCIO

CORO, FORMADO DE NOBRES ANCIÃOS TEBANOS

Cenário

A cena se passa na frente do palácio de Édipo, em Tebas, cidade grega devastada pela peste. Ao lado da grande porta de entrada do palácio, está um altar de Apolo, e defronte às portas laterais, dois pequenos altares dedicados a outros deuses.

Diante desses altares aglomera-se uma multidão de pessoas de todas as idades, prostradas, em atitude suplicante, portando raminhos de oliveira enfeitados de fitas brancas.

Abre-se a grande porta do palácio real e aparece Édipo, ricamente vestido, o porte sereno e majestoso. Acompanham-no dois pajens. Saindo de em meio à multidão, adianta-se um venerável ancião, sacerdote de Zeus, e se aproxima do rei. Este, depois de espraiar um rápido olhar sobre a multidão, se dirige ao sacerdote para saber o motivo do inesperado espetáculo, dando início, assim, ao prólogo (parte introdutória da peça teatral, com dados elucidativos do enredo).

Prólogo

ÉDIPO

Ó filhos*, nova geração da antiga e nobre estirpe de Cadmo**, por que estais prostrados nesses degraus, em atitude suplicante, portando ramos enfeitados de brancas fitas, nesta triste hora em que na cidade inteira se elevam aos céus volutas de incenso de envolta com lamentosos cantos e gemidos? Filhos, em vez de enviar mensageiros ao vosso encontro, julguei melhor vir eu mesmo, Édipo, rei famoso, inteirar-me do motivo que vos trouxe ao meu palácio.

Eia, ancião, toma a palavra; pois, como ancião e sacerdote, és digno de falar em nome desses suplicantes. Por que estais ali prostrados? Algum temor? Desejais alguma coisa? Fala, ancião, que aqui estou eu para vos ajudar em qualquer necessidade. Eu seria um homem desprovido de sentimento se não

---

**Filhos.* Vocativo carinhoso. Édipo amava os tebanos e era por eles amado e admirado. (*N. do T.*)

***Cadmo.* Filho do rei Agenor e fundador de Tebas. (*N. do T.*)

me compadecesse de vós e não me comovesse diante desse espetáculo.

GRÃO-SACERDOTE

Bem vês, Édipo, soberano de minha terra, a idade dos que estão aqui junto a teus altares: uns, crianças, quais débeis avezinhas ainda impotentes para longos voos; outros, sacerdotes alquebrados pelos anos; eu, sacerdote de Zeus; e estes, a nata da juventude tebana. Os outros cidadãos estão nas praças públicas empunhando ramos enfeitados de fitas, ou junto aos dois templos de Palas*, ou, ainda, ante às cinzas divinatórias dos sacrifícios de Ismeno**.

A cidade, pois, como tu mesmo vês, anda extremamente agitada. Como nave batida na tempestade, em vão luta contra as vagas ensanguentadas. Já não é capaz de levantar a cabeça do fundo da voragem. Tebas*** vai se acabando à medida que definham e deperecem os frutos das plantas, morrem os rebanhos nos pastos e os ventres das mulheres vão se tornando estéreis.

**Palas.* Epíteto da deusa Atena (a Minerva dos romanos), protetora de Atenas e muito venerada em Tebas, onde tinha dois templos. (*N. do T.*)

***Ismeno.* Rio da Beócia, junto ao qual se erguia um templo de Apolo, onde eram imoladas as vítimas dos sacrifícios a esse deus dos oráculos. (*N. do T.*)

****Tebas.* Cidade da Beócia, famosa na Grécia antiga. (*N. do T.*)

E, como se esses males não bastassem, um deus ignífero – sob a forma de peste mortífera –, lançando-se com ímpeto, arremete contra a cidade de Cadmo*, que pela mão dessa divindade se vai esvaziando, ao passo que o negro Hades** se enche de lamentos e gemidos.

Na verdade, nem eu nem estes cidadãos te julgamos igual aos deuses, pelo fato de termos vindo às portas do teu palácio como suplicantes; porém, consideramos-te o mais poderoso e capaz dos homens para nos valer nas vicissitudes da vida e nas funestas intervenções dos deuses. Com efeito, foste tu que, vindo para a cidade de Cadmo, nos livraste do tributo que pagávamos à cruel poetisa***. E isso fizeste sem receber de nós a menor informação nem qualquer instrução; mas com a ajuda de um deus, segundo se diz e crê, endireitaste a nossa vida.

Por isso, ó poderoso Édipo, nós todos, que aqui vês súplices, te pedimos que nos encontres um

---

**A cidade de Cadmo*. Tebas. (*N. do T.*)

***Hades*. O rei dos infernos; a morada dos mortos. (*N. do T.*)

****A cruel poetisa*. A Esfinge, monstro fabuloso. Tinha a cabeça de mulher, o corpo de cão, as garras de leão e as asas de pássaro. Vivia perto de Tebas. Detinha os viajantes e devorava os que não soubessem decifrar os enigmas que lhes propunha em versos. Édipo decifrou o enigma que a Esfinge lhe propôs nestes termos: “Qual é o animal que de manhã anda com quatro pés, ao meio-dia, com dois, e de tarde, com três?” Furiosa ao ver decifrado o enigma, a Esfinge se matou, lançando-se do alto de um penhasco. (*N. do T.*)

remédio que tenhas conhecido ouvindo o oráculo de um deus ou consultando algum mortal, porquanto eu sei que são os conselhos dos homens experientes os que alcançam melhor êxito.

Eia, pois, nobilíssimo soberano, restaura esta cidade! Vamos! Reflete bem. Graças a teu ardor passado, Tebas te aclama hoje como o seu salvador. Que no teu reinado jamais aconteça que, após nos termos erguido por tua mão, novamente sucumbamos. Restaura esta cidade, dando-lhe estabilidade e segurança.

Com feliz presságio, deparaste-nos outrora a fortuna, livrando-nos da Esfinge. Sê também agora o mesmo de antes, igual a ti mesmo. Visto que deves governar esta terra, como agora a governas, é melhor governá-la povoada do que despovoada de homens, porquanto, de nada vale uma fortaleza ou uma nave desguarnecida de combatentes.

ÉDIPO

Ó filhos dignos de compaixão! Viestes a mim para me pedir coisas que me são conhecidas, muito bem conhecidas. Bem sei eu que sofreis todos, mas dentre vós que sofreis ninguém há que sofra tanto

quanto eu. É que a dor que vos atinge não atinge senão a cada um individualmente, cada um sofrendo por si só, não pelos outros. A minha alma, pelo contrário, sente, ao mesmo tempo, as dores da cidade, as minhas dores pessoais e as vossas.

Dir-se-ia que me quereis despertar a mim, que não estou dormindo, mas velando. Sabei que tenho chorado muitas lágrimas e percorrido muitos caminhos nas divagações do meu pensamento inquieto e preocupado. Depois de muito meditar, só um remédio encontrei, e este foi aplicado imediatamente: enviei o filho de Meneceu, meu cunhado Creonte*, à pítica morada de Febo**, a fim de consultar o oráculo sobre o que devo fazer ou aconselhar para salvar a cidade. Porém, a demora de Creonte já me preocupa. Aflige-me não saber o que ele estaria fazendo, pois já se esgotou o tempo razoavelmente necessário para ir e voltar. Depois que ele chegar, seja eu considerado homem mau, se não executar à risca tudo quanto o deus houver revelado.

**Creonte*. Irmão de Jocasta, esposa de Édipo. (*N. do T.*)

***A pítica morada de Febo*. O templo de Apolo em Delfos. O adjetivo *pítico* significa referente ao Pitão ou Píton, antigo nome da região onde se localizava a cidade de Delfos. O oráculo de Delfos era o mais famoso da Grécia. *Febo* (em grego, *Phoibos*, brilhante) é um dos epítetos de Apolo, deus da luz, das artes e dos oráculos. (*N. do T.*)

GRÃO-SACERDOTE

Precisamente enquanto estavas falando a respeito de Creonte, estes jovens me anunciam que ele está chegando.

ÉDIPO

Soberano Apolo, praza aos céus que Creonte, que ali vem de olhar brilhante, nos traga ao menos alguma notícia salutar!

GRÃO-SACERDOTE

Sim, pelo seu aspecto, pode-se conjecturar que ele traz boas notícias; do contrário, não viria com a cabeça coroada de frutífero loureiro.

ÉDIPO

Agora mesmo o saberemos. Ele está perto, já me pode ouvir. Senhor meu parente, filho de Meneceu, que oráculo do deus nos trazes?

Creonte chega de viagem e entra em cena. Traz à cabeça uma coroa de loureiro, sinal de boas notícias. Na entrada do palácio, Édipo, tendo ao lado o velho sacerdote, o recebe ansioso.

CREONTE

Favorável. Devo afirmar que tudo há de correr bem, até mesmo as desventuras, caso tiverem as coisas feliz êxito.

ÉDIPO

Mas qual é o oráculo? Em suma, tuas palavras não me deixaram nem mais confiante nem menos temeroso.

CREONTE

Se desejas ouvir-me na presença destes, estou pronto para falar; se preferes, entramos no palácio.

ÉDIPO

Fala na presença de todos, pois mais me aflijo por causa destes cidadãos do que por minha própria vida.

CREONTE

Seja-me permitido dizer tudo quanto ouvi da parte do deus. Febo soberano explicitamente nos ordena que esconjuremos do solo pátrio uma mancha impura que nele se está pascendo e que não mais alimentemos um mal que não tem cura.

ÉDIPO

De que mal se trata? Como expiá-lo?

CREONTE

Banindo o criminoso ou lavando o crime com a morte, porque o sangue que foi derramado é a causa da tormenta que agita a cidade.

ÉDIPO

Qual é o homem cuja morte, segundo o oráculo, deve ser vingada?

CREONTE

Rei Édipo, foi outrora soberano desta terra Laio*, que governou a nossa cidade antes de ti.

ÉDIPO

Conheço-o de oitiva, mas nunca o vi.

CREONTE

Ordena o deus, claramente, que castiguemos com violência os assassinos de Laio, quaisquer que sejam.

ÉDIPO

Onde estarão eles? Onde descobrir as pistas de um crime antigo, difícil de investigar?

CREONTE

Revelou o deus que aqui mesmo, em nossa terra. O que se procura acha-se; o que, por negligência, não se procura perde-se.

**Laio.* Rei de Tebas, filho de Lábdaco. (*N. do T.*)

ÉDIPO

Onde teria Laio sucumbido ao braço homicida? Em sua própria casa? Fora da cidade? Ou talvez em terra estranha?

CREONTE

Certa vez, disse Laio que se ausentaria de Tebas para ir consultar o oráculo de Delfos*. Depois desse dia nunca mais voltou à pátria.

ÉDIPO

Nenhum mensageiro, nenhum acompanhante de viagem presenciou o crime? Não houve ninguém que pudesse dar alguma informação?

CREONTE

Foram todos mortos, menos um que, fugindo de medo, nada viu, mas uma coisa soube dizer com certeza.

**Delfos*. Cidade da Grécia antiga, a 50 quilômetros de Tebas, ambas ao norte de Atenas. Em Delfos havia o mais famoso templo de Apolo, onde o deus ditava seus oráculos por intermédio de sua sacerdotisa ou pitonisa. (*N. do T.*)

ÉDIPO

Qual? O conhecimento de uma coisa pode revelar-nos muitas outras, quando entreluz um raiozinho de esperança.

CREONTE

Afirmou aquele único sobrevivente que Laio não foi assaltado e morto por um só ladrão, mas por uma quadrilha de bandidos.

ÉDIPO

Mas como poderia o assassino chegar a tais extremos de audácia, sem que o crime fosse urdido e pago com o dinheiro de algum tebano?

CREONTE

Era o que se pensava. O certo é que Laio morreu e, preocupados com o mal que então nos afligia, não houve ninguém que se levantasse para vingá-lo.

ÉDIPO

Que mal vos impediu de investigar o fato, deixando assim morto e esquecido vosso soberano?

CREONTE

A enigmática Esfinge. Com seus cantos ambíguos e indecifráveis, constrangia-nos a só olhar o mal presente e a esquecer o mal envolto em mistério.

ÉDIPO

Pois eu hei de trazer de novo à luz do dia a realidade desse crime, visto que Febo e tu também, Creonte, tão nobremente vos destes ao trabalho de vingar o morto. Por isso, foi com justiça que me considerastes vosso aliado e vingador do deus desta terra. Eliminarei esta mancha abominável não em vista de amigos distantes, mas em favor de mim mesmo, pois o assassino de Laio, seja ele quem for, talvez queira matar-me também. Vingando Laio, estarei, portanto, buscando o meu próprio bem.

Assim sendo, filhos, levantai-vos quanto antes desses degraus, tomai vossos ramos de suplicantes e que algum de vós reúna aqui o povo de Cadmo, pois estou disposto a fazer tudo o que a situação exige. Se o deus nos ajudar, seremos vitoriosos; caso contrário, estaremos perdidos.

Ditas essas palavras, Édipo entra no palácio com Creonte.

GRÃO-SACERDOTE

Levantemo-nos, filhos. Nosso soberano promete fazer todas as coisas por amor das quais viemos aqui. Que Febo, que nos envia esses oráculos, seja também nosso salvador e ponha termo aos nossos males.

Os suplicantes levantam-se e, precedidos pelo sacerdote, retiram-se em ordem. Na orquestra entram os componentes do Coro para cantar os versos do párodo, a parte lírica da tragédia grega, cantada pelo Coro ao entrar em cena.

Párodo

(Canto de entrada do Coro)

CORO

1ª estrofe

Ó doce palavra de Zeus*,
que anuncias dali do Pitão** riquíssimo
à ilustre e esplendente Tebas?
Ó Délio salvador***, invocado a altos brados!
Angustiado e pávido,
meu espírito estremece,
temendo o destino que hoje ou amanhã
tu me hás de reservar.
Fala, dize-me, Oráculo imortal,
filho da áurea esperança!

**Zeus.* O deus supremo, o rei dos deuses, Júpiter para os romanos. Tinha o seu trono no Olimpo. Apolo, seu filho, era o intérprete de sua vontade. (*N. do T.*)

***Pitão.* Delfos ou o templo de Apolo naquela cidade. O adjetivo *riquíssimo* alude aos preciosos e inumeráveis donativos (como trípodes, estatuetas de ouro) que ali deixavam os que vinham de toda parte consultar o oráculo. (*N. do T.*)

****Délio salvador.* Um dos epítetos de Apolo, por ter nascido na ilha de Delos, no mar Egeu. (*N. do T.*)

1ª antístrofe

Oh! por piedade, brilhe sobre mim,
que vos imploro, a vossa proteção,
ó trindade que a morte afugentais.
Tu primeiro, Atena imortal, filha de Zeus,
e tu, Ártemis, irmã de Atena
e protetora desta terra, que assentas
no glorioso trono circular da Ágora,*
e tu também, Apolo hecábolo**,
valei-me todos vós em minha angústia.
Assim como outrora, quando o flagelo***
se desencadeou contra a cidade,
afastastes para longe as chamas da desgraça,
acudi também agora em meu auxílio!

2ª estrofe

Ai, céus! Males sem conta me acabrunham.
Está enfermo o meu povo todo
e a mente não encontra arma alguma
com que esconjurar o mal que nos aflige.

---

*O *trono circular da Ágora*. O templo circular dedicado a Ártemis na ágora (praça) de Tebas. (*N. do T.*)

***Hecábolo*. Certeiro no tiro. Epíteto dado a Apolo como o deus que dardeja os raios do sol. (*N. do T.*)

****Flagelo*. A Esfinge, que vitimava os tebanos. (*N. do T.*)

Nem os frutos da nossa terra medram,
nem as mulheres parturientes
se libertam de suas dores cruciantes.
Quais pássaros de belas asas
riscando o espaço mais velozes
do que o relâmpago invencível,
assim veríeis nossos homens
lançarem-se, uns após outros,
para as praias do deus da tarde.*

2ª antístrofe

A peste ceifa inumeráveis vidas,
e a cidade vai se despovoando.
Sem ninguém que os chore,
sem ninguém que deles se compadeça,
e disseminando a morte,
jazem por terra os filhos desta geração.
Ao mesmo tempo, em toda a cidade,
jovens esposas e mães encanecidas,
gemendo ao pé dos altares,
aos deuses imploram que ponham fim
a tão horrendos males

*As *praias do deus da tarde.* O reino de Hades (Plutão); a morada dos mortos, que os antigos gregos colocavam no extremo ocidente, ao longo das margens do oceano, na região escura do mundo. (*N. do T.*)

e atrozes sofrimentos.
Acode, pois, em nosso auxílio,
formosa filha de Zeus,*
e em nossos rostos apaga
as sombras do infortúnio.

3ª estrofe

Expulsa, formosa filha de Zeus,
o impetuoso e violento Ares**,
que agora, se bem que desarmado,
em altos gritos, me acomete e abrasa
com os ardores da peste.
Rechaça-o em desabalada corrida,
para longe dos confins da pátria,
quer para o imenso leito de Anfitrite***,
quer para as plagas inóspitas
batidas pelas trácias ondas****.

Tudo o que a noite, em seu termo, poupou,
sem tréguas, o dia ataca e destrói.

**Formosa filha de Zeus.* A deusa Atena. (*N. do T.*)

***Ares.* Deus da guerra; o Marte dos romanos. (*N. do T.*)

****Anfitrite.* Deusa dos mares. "O leito de Anfitrite": o mar. (*N. do T.*)

***** *Trácias ondas.* O mar que banha a Trácia, região montanhosa e inóspita, ao norte da Grécia. (*N. do T.*)

Ó Zeus, nosso pai,
senhor das leis que regem os relâmpagos,
fulmina esse Ares com teu raio!

3ª antístrofe

Soberano Lício*, eu quisera
que das cordas de ouro do teu arco
rebentassem, de todos os lados,
invencíveis e mortíferas,
as flechas que socorrem e protegem,
e que também voassem contra Ares
os brilhantes fachos ardentes
com que Ártemis percorre os lícios montes.
Também ao epônimo** desta terra,
enfeitado de áureas fitas,
ao alegre e rubicundo Baco,
das Mênades*** acompanhado,
rogo que, com seu facho ardente e fúlgido,
se atire contra aquele que entre os deuses
é deus menosprezado.

**Lício.* Um dos epítetos de Apolo. Lício significa "da Lícia", região da Ásia Menor, segundo alguns, pátria de Apolo. (*N. do T.*)

***Epônimo.* Que dá o seu nome ao lugar. É o caso, por exemplo, de *Atena*, a deusa epônima da capital da Grécia. Tebas, segundo alguns autores, foi berço de Baco, deus do vinho, chamado, por isso, *Thebaios* (Tebano). (*N. do T.*)

****Mênades.* Bacantes, mulheres que acompanhavam Baco nas alegres festas desse deus. (*N. do T.*)

Primeiro episódio

1
Édipo e o Coro

Édipo entra em cena a tempo de ouvir os versos finais do Coro.

ÉDIPO

Vejo que estás dirigindo súplicas aos deuses. Se quiseres ouvir com benevolência as minhas palavras e colaborar comigo no combate ao flagelo, conseguirás o que imploras: serás socorrido e aliviado de teus males.

Devo declarar que sou estranho ao que se diz acerca do assassino de Laio, estranho às circunstâncias em que ocorreu o crime. Assim, pois, desprovido de qualquer prova, desajudado de qualquer vestígio que leve ao criminoso, eu sozinho não poderia ir muito longe nas minhas investigações. Por isso, visto que depois da morte de Laio passei a ser contado entre os cidadãos desta cidade, a vós todos, descendentes de Cadmo, proclamo estas coisas:

Qualquer de vós que souber por mão de que homem Laio, filho de Lábdaco, pereceu, ordeno-lhe que me revele tudo, até mesmo se o acusado for o próprio acusador. Se o culpado for desta terra, que trate de se defender por si próprio; outro castigo não sofrerá, senão o de ser banido, ileso, desta cidade. Se alguém tiver conhecimento de que o assassino não é desta terra, não o cale, que à recompensa juntarei a minha gratidão.

Se, ao invés, calardes, se alguém, por causa de amigos, por causa de si próprio, desprezar a minha ordem, que ouça de mim o que lhe vai acontecer:

Proíbo que qualquer habitante desta terra, de que sou regedor supremo, dê acolhida a esse homem, seja ele quem for, lhe dirija a palavra, o associe às preces e sacrifícios aos deuses ou que o admita nas abluções sagradas. Ordeno, pelo contrário, que todos o repilam de suas casas como pestilência que é para nós, conforme claramente me revelou há pouco o oráculo do deus de Delfos. Deste modo, torno-me, ao mesmo tempo, o aliado do deus e do homem assassinado.

Faço votos que o criminoso – quer esteja oculto só, quer com seus cúmplices –, amaldiçoado e infeliz, arraste uma vida completamente triste. E também peço aos deuses que, se esse homem estiver debaixo do meu teto, com meu conhecimento e consentimento, sobre mim recaiam as maldições que contra os outros acabo de irrogar.

Encarrego-vos de fazer cumprir todas essas ordens, tendo em mira os meus interesses e em prol do deus e desta terra arruinada, onde tudo falta, os frutos do solo e a proteção dos deuses. Porque, mesmo quando a busca do culpado não fosse ordenada pelo deus, não seria justo que deixásseis o crime impune, como até aqui fizestes, senão que diligentemente procurásseis o autor do crime, sobretudo porque a vítima foi um rei bom e honrado.

Agora, portanto, ocupo o trono que Laio ocupou antes de mim e, juntamente com o cargo e o poder, herdei o tálamo e a esposa dele. Se a natureza não houvesse falhado e Laio tivesse gerado filhos, estes seriam irmãos dos meus. Mas, antes que vosso rei se tornasse pai, o infortúnio se abateu sobre ele.

Ante esses fatos, propugnarei por esta causa como se Laio fosse meu pai; envidarei todos os esforços para alcançar o autor do crime, em consideração ao filho de Lábdaco, que foi filho de Polidoro, que por sua vez foi filho de Cadmo, e este, do antepassado Agenor.

E, quanto aos recalcitrantes que me negarem auxílio, peço aos deuses que não lhes dê frutos a terra, nem filhos as mulheres, mas, ao contrário, que sejam exterminados por este flagelo que ora nos aflige ou por outro ainda pior.

E quanto a vós outros, descendentes de Cadmo, vós que aprovais as minhas decisões, seja a Justiça a vossa aliada e que os deuses todos para sempre vos sejam propícios.

CORO

Já que me implicas em tuas imprecações,
obrigando-me a falar,
falarei, ó soberano:
não matei nem sei dizer quem matou.
A Febo, que mandou dar busca ao réu,
é que pertence dizer
quem tal crime perpetrou.

ÉDIPO

Dizes bem; mas homem algum poderá forçar os deuses a fazer o que não querem.

CORO

Se consentes, outro alvitre
te proponho, que, a meu ver,
é pertinente e oportuno.

ÉDIPO

Até mesmo um terceiro, se o tiveres, não o cales,
que aqui estás para falar.

CORO

Conheço, ó rei, um sábio, um profeta
tão perspicaz quanto Apolo
em desvendar coisas secretas.
É o adivinho Tirésias.
Se interrogado, talvez possa revelar
toda a verdade, a verdade crua.

ÉDIPO

Não considerei isso inútil, tanto assim, que já o fiz.
A conselho de Creonte, enviei já dois mensageiros.
Estranho tanta demora do adivinho.

CORO

As vozes que destoarem
das de Apolo e seu profeta
são infundadas, não passam
de rumores, de boatos.
Não merecem nenhum crédito.

ÉDIPO

Que vozes? Pois eu as examino e peso todas.

CORO

Contaram que ele foi morto
por estranhos viajantes.

ÉDIPO

Isso eu também ouvi. Mas ninguém viu até agora
quem presenciou o crime.

CORO

Mas se o assassino tiver
só um pouquinho de temor,
ouvindo as imprecações
que contra ele fulminaste,
não tardará em aparecer.

ÉDIPO

Quem não teme praticar o mal, palavras não o atemorizam.

CORO

Mas eis que já está chegando
o que há de descobri-lo.
Eis ali os que conduzem
nosso divino profeta,
dentre os mortais o único
em quem a verdade é inata.

Todos os olhos se viram para Tirésias, que chega conduzido por um jovem, pois o adivinho é cego. Acompanham-nos os dois mensageiros.

2
Édipo, Tirésias e o Coro

ÉDIPO

Ó Tirésias, que penetras todas as coisas, as visíveis e as secretas, as terrenas e as celestes! Se bem que não enxergues, contudo, sabes qual a doença que está vitimando a cidade. Só encontramos a ti, ó poderoso adivinho, como protetor e libertador dos nossos males.

Apolo, se é que meus emissários não te fizeram ciente, tendo sido consultado por nós, respondeu que somente poderemos ficar livres dos nossos males se, descobertos e identificados, sem sombra de engano, os assassinos de Laio, os matarmos ou os banirmos de nossa terra.

Não te negues a nos revelar o que sabes, valendo-te da observação das aves ou de qualquer outro meio da tua arte divinatória. Salva-te a ti mesmo e à cidade, salva-me também a mim e expunge de todo a mancha do crime. Estamos em tuas mãos. Prestar alguém auxílio aos outros, segundo seus meios e forças, é a mais bela das obras.

TIRÉSIAS

Infeliz, infeliz de mim! Como é horrível saber quando fora melhor não saber! Contudo, esqueci-me desta verdade, que eu tão bem sabia. Do contrário, não teria vindo aqui.

ÉDIPO

O que há? Como estás abatido!

TIRÉSIAS

Deixa-me voltar para casa, que, assim, o fardo do destino será para ti e para mim muito mais leve.

ÉDIPO

Tua recusa em falar fere a justiça e o amor que deves a esta cidade, que te nutriu e educou. Tu a privas de uma notícia que entende como o bem comum.

TIRÉSIAS

Em verdade, sinto que o que dizes não é vantajoso para ti. E, para que eu também não me prejudique...*

Tirésias, agastado, faz menção de retirar-se, deixando a frase incompleta.

ÉDIPO

Não, pelos deuses! Se tu sabes, não te retires. Todos nós te suplicamos humildemente.

TIRÉSIAS

Vós todos não procedeis com sensatez. Eu jamais falarei, porque falar seria trazer à luz os teus males.

ÉDIPO

Que dizes? Sabes a verdade e não queres nos revelar? Pretendes, então, nos trair e entregar a cidade à ruína total?

---

*O texto grego (versos 324 e 325) referente a esta resposta de Tirésias é obscuro e, por isso, passível de mais de uma interpretação. O certo é que o cego não gostou nada das palavras pouco delicadas de Édipo. (*N. do T.*)

TIRÉSIAS

Eu não quero fazer sofrer nem a mim nem a ti. Por que teimas em me interrogar em vão? De mim é que não o saberás.

ÉDIPO

Quando, enfim, te resolverás a falar, ó péssimo dos maus? Haverás de mostrar-te assim inflexível e obstinado? Até um coração de pedra encherias de cólera.

TIRÉSIAS

Censuras-me, afronta-me a obstinação, mas não vês a que em ti também se aninha.

ÉDIPO

Quem não haveria de encolerizar-se ouvindo semelhantes palavras com que desprezas a cidade?

TIRÉSIAS

A verdade haverá de manifestar-se por si mesma, embora eu a cubra com o meu silêncio.

ÉDIPO

Se ela há de manifestar-se, é preciso que a reveles a mim.

TIRÉSIAS

Não direi mais nada. Portanto, se quiseres, podes acender-te em ira a mais feroz.

ÉDIPO

Sim, nada calarei do que sinto, tanta é a ira que arde em mim. Fica, pois, sabendo que, como me parece, foste tu quem concebeu e perpetrou o crime, embora não tenha a tua mão vibrado o golpe. Se tivesses vista, não hesitaria em afirmar que foste o único autor do crime.

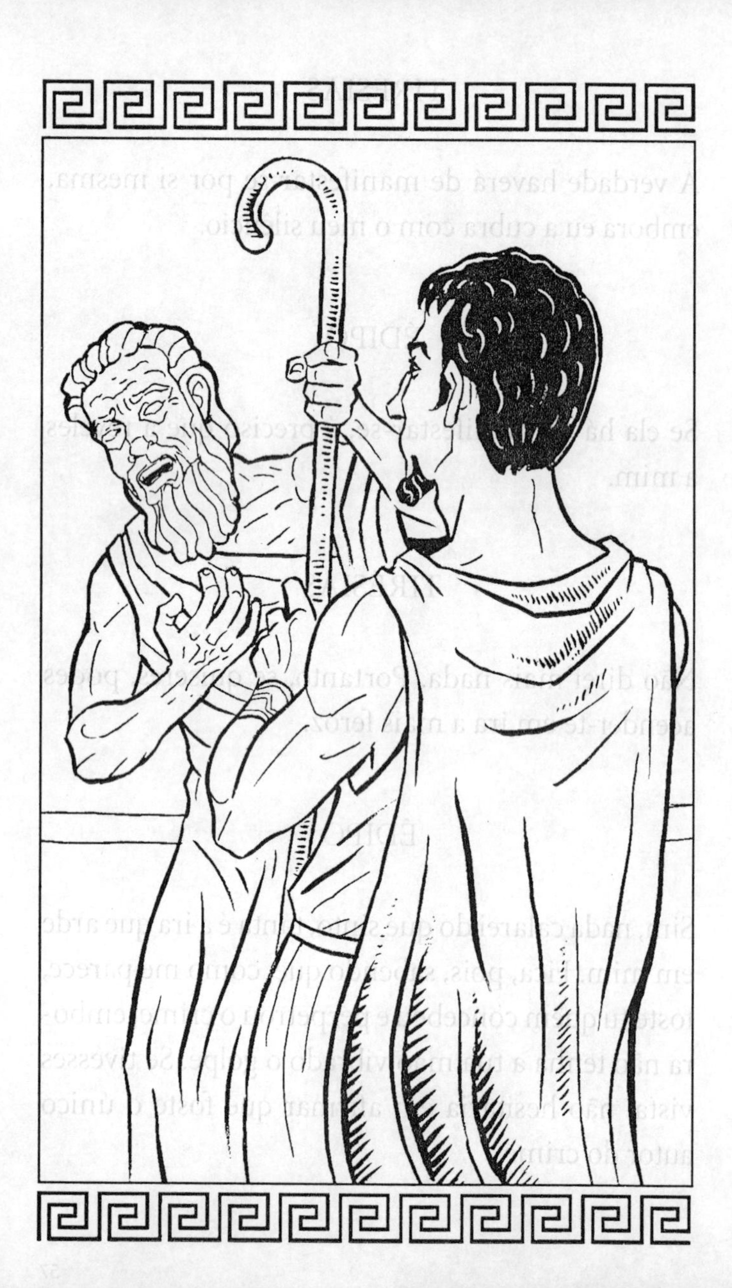

TIRÉSIAS

(*Irônico.*) Verdade? Intimo-te a observar os avisos que promulgaste e, a partir de hoje mesmo, a não mais dirigir a palavra nem a estes nem a mim, porque tu és o gênio maléfico e impuro que contamina esta terra.

ÉDIPO

Ousaste impudentemente lançar-me em rosto essa acusação? Como pensas fugir às consequências?

TIRÉSIAS

Nada temo. A verdade é a minha força.

ÉDIPO

De quem a aprendeste? Sem dúvida que não foi da tua arte.

TIRÉSIAS

De ti mesmo, pois me constrangeste a falar contra a minha vontade.

ÉDIPO

A falar o quê? Repete, para que eu entenda melhor.

TIRÉSIAS

Incitas-me a falar? Não compreendeste antes?

ÉDIPO

Não tanto que possa afirmar que compreendi. Repete, pois.

TIRÉSIAS

És o assassino do homem cujo matador procuras.

ÉDIPO

Asseguro-te que não te hás de alegrar de haver proferido duas vezes tal insulto.

TIRÉSIAS

Devo dizer o resto para acirrar a tua cólera?

ÉDIPO

Quanto quiseres. Falarás em vão.

TIRÉSIAS

Declaro-te que, sem que o saibas, estás convivendo em torpíssima companhia com os teus e que não vês a que ponto chegou a tua desgraça.

ÉDIPO

Acaso pensas poder repetir impunemente semelhantes afrontas?

TIRÉSIAS

Sem dúvida, se a verdade tiver força.

ÉDIPO

A força da verdade existe, menos em ti. Em ti nada disso existe, porque és cego da vista, dos ouvidos e do entendimento.

TIRÉSIAS

Infeliz que tu és, cobrindo-me de insultos que daqui a pouco todos os presentes te lançarão em rosto!

ÉDIPO

Vives imerso na eterna noite da cegueira, de modo que jamais poderás prejudicar nem a mim nem a quem quer que goze da luz do sol.

TIRÉSIAS

Não é teu destino pereceres por minha mão, uma vez que o pode fazer Apolo, a quem cabe cumprir todas essas coisas*.

ÉDIPO

Isso tudo são invenções tuas ou de Creonte?

**Todas essas coisas.* Com essa expressão de sentido vago, Tirésias se refere às horrendas desgraças que, em breve, se desencadearão sobre Édipo. (*N. do T.*)

TIRÉSIAS

Dano algum te faz Creonte; tu, sim, és um mal para ele.

ÉDIPO

Ó riqueza, ó realeza, ó arte superior a todas as artes,* quantas invejas aninhais em vós mesmas, nesta tão agitada vida! Por causa deste cetro que a cidade me pôs nas mãos, como dádiva espontânea e não solicitada, Creonte, o amigo fiel, o amigo dos primeiros dias do meu reinado, quer destronar-me pela solércia e pela intriga, subornando, para tanto, este mago conspirador, charlatão astuto que enxerga apenas seus lucros e interesses, mas que na sua arte é por natureza cego.

Se não, dize lá, vamos! Quando te revelaste verdadeiro profeta? Por que é que nos tempos do cão rapsodo** não descobriste, não revelaste nenhum meio para salvar teus concidadãos? É que desatar o enigma não era tarefa do primeiro homem que

---

**Arte superior a todas* as *artes.* Édipo se refere, provavelmente, à arte de governar. (*N. do T.*)

***Cão rapsodo.* Referência ao monstro cantor, a Esfinge, que apresentava seus enigmas em versos. (*N. do T.*)

chegasse, mas exigia ciência profética. Não mostraste que a possuis, tu que posas de profeta; nem a da observação das aves, nem a de algum deus. Eu, porém, apenas chegado, o Édipo que nada sabia, emudeci a Esfinge, não pela observação dos pássaros, mas com minha inteligência e perspicácia.

Este Édipo, tu agora te esforças por destroná-lo, esperando, com isso, ter assento junto ao trono a que Creonte aspira. Tenho certeza de que é com grossas lágrimas que tu com teu cúmplice sereis expulsos desta cidade que contaminais. Se não fosses velho, eu te puniria para aprenderes a não conspirar contra mim.

CORO

Parece-nos, ó Édipo,
que as palavras desse homem
como também as tuas
foram inspiradas pela cólera.
Não é isso o que é preciso,
mas tratar de resolver,
do melhor modo possível,
o oráculo do deus.

TIRÉSIAS

Embora sejas rei, cabe-me replicar de igual para igual, na mesma altura. É um direito que eu também tenho. Não sou, de forma alguma, teu escravo, mas o servo de Apolo. Jamais Creonte será meu patrono, nem eu cliente dele.

Insultaste-me chamando-me de cego. Pois bem, ouve o que te digo: embora tenhas vista, não enxergas o abismo de tua desgraça, nem onde moras, nem aqueles com quem coabitas.

Acaso sabes de quem descendes? Sem que o saibas, és abominado por teus próprios progenitores, dos quais um ainda vive e outro já é morto. O duplo e terrível golpe de maldição de teu pai e de tua mãe haverá de varrer-te desta terra um dia. Agora vês a luz, daqui a pouco teus olhos serão trevas.

Quando terão fim os teus lamentos e que lugar do Citerão* poderá haver aonde não chegue o eco dos teus gemidos, quando, depois de feliz navegação**, tiveres conhecimento do porto em que não devias abicar, quero dizer, do funesto himeneu que desgraçou tua casa? E não conheces ainda o séquito

---

*_Citerão_ ou _Citeron_. Monte que ficava perto de Tebas, no qual Édipo, ainda criancinha, fora abandonado por seus pais. (_N. do T._)

**_Feliz navegação_. Imagem poética que acena para a vida vitoriosa de Édipo, sobretudo para o feito de ter livrado os tebanos da Esfinge. (_N. do T._)

dos outros males que te igualarão a ti e a teus filhos. Podes agora cobrir de lama Creonte e minha boca! Homem algum haverá entre os mortais que arraste a vida mais infeliz que tu.

ÉDIPO

É suportável ouvir este indivíduo a me ofender com afrontas intoleráveis? Vai, cego amaldiçoado! Não te apressas? Não te retiras mais deste palácio?

TIRÉSIAS

Eu, por minha vontade, não teria vindo, se tu não me tivesses chamado.

ÉDIPO

Não sabia que irias dizer tantas parvoíces; se soubesse, jamais te chamaria ao palácio.

TIRÉSIAS

Sou, portanto, isto: na tua opinião, um parvo, na de teus pais, que te geraram, um sábio.

ÉDIPO

Os que me geraram?! Quem? Espera. Qual foi o mortal que me gerou?*

TIRÉSIAS

Este dia mesmo vai te trazer teu nascimento e tua morte.

ÉDIPO

Eis-te novamente a proferir coisas obscuras e enigmáticas!

TIRÉSIAS

(Com ferina ironia.) Não consegues interpretar minha linguagem, tu, que és tão hábil em decifrar enigmas?

---

*Édipo pensava ser filho de Polibo (ou Pólibo), rei de Corinto, que o acolheu e educou. (*N. do T.*)

ÉDIPO

Escarneces daquilo a que devo minha grandeza.

TIRÉSIAS

Foi precisamente essa glória que te causou a ruína.

ÉDIPO

Se salvei Tebas, pouco se me dá do resto.

TIRÉSIAS

Quanto a mim, vou-me retirando. *(Dirigindo-se ao guia.)* E tu, filho, guia-me.

ÉDIPO

Sim, que te conduza. Tua presença aqui só perturba e incomoda; indo embora, talvez não me aborreças mais.

TIRÉSIAS

Se me retiro, é porque já disse aquilo a que vim, não é por medo do teu aspecto ameaçador. Jamais me poderás destruir.

Asseguro-te com absoluta certeza: o homem que de há muito procuras, com ordens ameaçadoras e por meio de arautos apregoando o assassinato de Laio, esse homem está aqui em Tebas, e, segundo se diz, é um estrangeiro, mas dentro em pouco a verdade se manifestará e todos saberão que ele é tebano de nascimento, fato que não haverá de o alegrar. De são tornado cego, e de rico, pobre, ele demandará, errante, terras estranhas, abrindo caminho a poder de um bordão. Então se patenteará que ele é, ao mesmo tempo, pai e irmão de seus filhos, filho e esposo da mulher de quem nasceu e coesposo e assassino do próprio pai.

Entra e medita nessas coisas. Se concluíres que fui mentiroso, podes dizer que de arte divinatória nada entendo.

Tirésias parte com o guia.
Édipo, sério e pensativo, o acompanha,
por instantes, com o olhar; depois entra
no palácio com seus pajens.

Primeiro estásimo*

CORO

1ª estrofe

Quem será o criminoso
que a profética rocha de Delfos
revelou ter cometido,
com ensanguentadas mãos,
a mais abominável das abominações?
Já é tempo de ir ao seu encalço,
pois ele é mais veloz do que os corcéis
levados pelas asas da procela.
Que se arroje sobre ele Apolo,
armado de relâmpagos e raios.
Persigam-no também as implacáveis Fúrias**,
desfechem-lhe certeiro golpe vingador.

**Estásimo.* Parte lírica da tragédia cantada pelo Coro entre os episódios. (*N. do T.*)

***Fúrias.* Deusas que perseguiam e puniam os criminosos, também chamadas *Erínias.* (*N. do T.*)

1ª antístrofe

Sim, do nevado cume do Parnaso*,
acaba de brilhar uma voz clara
que ordena irem todos ao encalço
do incógnito homicida, que anda errando,
qual touro, por inóspitos lugares,
no chão frio das matas e cavernas.
Solitário e amaldiçoado, com malditos passos,
busca o infeliz fugir ao vaticínio
do oráculo de Delfos, mas em vão
esquivará da profecia, cuja voz
lhe esvoaça aos ouvidos sem cessar.

2ª estrofe

As horrendas predições do sábio adivinho
agitaram-me terrivelmente o espírito.
Incerto, perplexo, não sei o que diga.
Não creio nem nego os seus vaticínios.
Meu espírito revoluteia
nas ânsias da expectativa,
sem poder ver o presente
nem vislumbrar o futuro.

**Parnaso.* Monte da Grécia, a nordeste de Delfos, consagrado a Apolo e às musas. (*N. do T.*)

Que desavença, que contenda houve
entre o filho de Lábdaco e o de Polibo
eu nunca soube e até hoje desconheço.
Prova segura não há
para que eu possa acreditar
no que se diz e propala
a respeito do rei Édipo
e, assim, me torne defensor de Laio,
assassinado misteriosamente.

2ª antístrofe

A verdade é que Zeus e Apolo
são perspicazes e somente eles
têm conhecimento das humanas coisas.
Eis por que não se pode afirmar com certeza
se um adivinho, um homem como os outros,
sabe mais do que eu.
Decerto um homem pode superar
outra pessoa em sabedoria.
Contudo, eu é que não vou,
antes de ver confirmado o vaticínio,
condenar o acusado soberano.
Outrora, quando o acometeu a alada virgem*,

---

*A *alada virgem*. Referência à Esfinge, assim chamada por ter a cabeça e o rosto de mulher e as asas de ave. (*N. do T.*)

ele provou, de modo incontestável,
sua sabedoria e granjeou
a estima e a gratidão de todos os tebanos.
Por isso, segundo penso,
não se lhe pode imputar
a tacha de criminoso.

Segundo episódio

1
Creonte e o Coro

Entra Creonte.

CREONTE

Cidadãos tebanos, tendo sido informado de que o rei Édipo forjou contra mim gravíssimas acusações, aqui estou para as rebater, pois não posso tolerá-las.

Se, portanto, ele pensa que contribuí, de algum modo, por palavras ou obras, para a atual desgraça que nos infelicita, ou para prejudicá-lo, então não me apetece prolongar uma vida acabrunhada por tão negras acusações. Com efeito, tais imputações vão me causar não pequenos, mas graves danos, se, nesta cidade, eu passar a vossos olhos e aos olhos de meus amigos, por um homem conspirador e mau.

CORO

Mas o insulto talvez tenha nascido
antes de mal contida cólera
que da serena convicção.

CREONTE

Dizia a acusação, explicitamente, que o adivinho mentiu por ter sido mal aconselhado por mim?

CORO

Dizia-o, porém não sei com que intenção.

CREONTE

Fez tão grave acusação com olhos retos e com plena consciência?

CORO

Não sei; meus olhos não veem
o que os governantes fazem.
Ei-lo que vem saindo do palácio...

2
Édipo, Creonte e o Coro

Entra Édipo, bruscamente.

ÉDIPO

Tu vieste aqui? És, então, assim atrevido e impudente que ousaste vir ao meu palácio, assassino que és deste homem* e desmascarado usurpador de meu trono?

Vamos, dize-me, em nome dos deuses, quiseste fazer isso porque viste em mim um covarde, um inepto? Porque pensavas que tua traição solerte, rastejante, não chegasse ao meu conhecimento ou porque, se chegasse, não haveria eu de a esconjurar?

Não é empresa insensata, estúpida, essa tua de, sem o concurso do povo e dos amigos, querer conquistar o poder, coisa que só se logra com o auxílio da multidão e das riquezas?

**Deste homem*. Édipo refere-se a si mesmo. (*N. do T.*)

CREONTE

Dá-me tua atenção. Escuta-me por tua vez, depois que falaste, e, uma vez bem-informado, julga-me tu mesmo.

ÉDIPO

Tu és hábil em falar; eu, lento em aprender de ti, pois vim a saber que me és hostil e perigoso.

CREONTE

Escuta-me. É precisamente a respeito disso, e antes de tudo, que eu agora vou falar-te.

ÉDIPO

Não me fales disso, para que não digas que não és mau.

CREONTE

Se julgas que teimosia sem bom senso possa valer alguma coisa, não pensas com acerto.

ÉDIPO

Se pensas que um parente malfazejo não deva ser punido, não raciocinas bem.

CREONTE

Concordo contigo neste ponto. Mas que dano, que mal te causei eu?

ÉDIPO

Aconselhaste ou não me aconselhaste, como boa ideia, mandar vir aquele augusto adivinho?

CREONTE

Ainda agora sou desse parecer.

ÉDIPO

Quanto tempo faz, aproximadamente, que Laio...

CREONTE

Que fez ele? Não atino.

ÉDIPO

Que Laio desapareceu vítima de um atentado brutal?

CREONTE

Já decorreram longos e velhos anos.

ÉDIPO

Esse teu adivinho já exercia então a sua arte?

CREONTE

Naquele tempo ele era tão sábio e estimado como hoje.

ÉDIPO

Fez ele, por esse tempo, referências a mim?

CREONTE

Nunca, em lugar nenhum, pelo menos na minha presença.

ÉDIPO

Não fizeste nenhuma investigação em torno do assassinato?

CREONTE

Fizemos, como não? Mas nada conseguimos apurar.

ÉDIPO

E por que o tal sábio adivinho não revelou então o autor do crime?

CREONTE

Não sei. Em coisas de que não entendo prefiro calar.

ÉDIPO

Uma coisa, porém, tu sabes e podes dizer, pois bem compreendes...

CREONTE

Que coisa? Se de fato a sei, não me recuso a dizê-la.

ÉDIPO

Bem compreendes que, se esse adivinho não se tivesse mancomunado contigo, jamais me teria imputado a morte de Laio.

CREONTE

Se isso te disse ele, estás a par de tudo. Assiste-me, portanto, o direito de interrogar-te acerca daquilo mesmo sobre que me interrogas.

ÉDIPO

Interroga-me, pois. De assassínio é que não me convencerás.

CREONTE

Dize-me, não estás casado com minha irmã?

ÉDIPO

Não há dúvida.

CREONTE

Governas com ela esta terra, com igual autoridade e poder?

ÉDIPO

Satisfaço-lhe todos os desejos, no governo.

CREONTE

Não vos sou, portanto, igual a ambos, como terceiro soberano?*

---

*Édipo era rei porque se casara com a rainha Jocasta. Foi por ter livrado os tebanos da Esfinge que Creonte lhe cedeu o trono, sem, contudo, abdicar da realeza e do poder. (*N. do T.*)

ÉDIPO

É precisamente por isso que estou convencido de que és um amigo traidor.

CREONTE

Não, de modo algum. Se quiseres acompanhar o meu raciocínio, verás que estás equivocado. Reflitas comigo: haverá alguém que prefira reinar em meio a temores e sobressaltos a governar em paz, sem ter o sono perturbado e gozando dos mesmos poderes? Pois bem, eu – e qualquer um de são juízo diria o mesmo – não nasci para preferir ser rei só de nome a ser rei que exerce de fato o poder real, sem ter os dissabores da realeza.

Agora, obtenho de ti, sem temor, tudo quanto desejo; se fosse rei como tu, muitas coisas teria que fazer a contragosto. Assim sendo, como o reinar-me poderia ser mais agradável do que o mando e o poder estremes de aflições e dissabores? Ainda não sou tão louco que deseje outra coisa fora do bem e do útil.

Agora, gozo da amizade de todos, todos me querem bem, e os que precisam de ti a mim recorrem.

Nada obtêm a não ser por meu intermédio. Por que iria eu trocar o meu poder pelo teu e renunciar a essas vantagens? Um homem sensato jamais cometeria tal erro.

Nem afago o desígnio de subir ao trono nem toleraria uma aliança com outro cúmplice. E a prova da verdade do que te digo podes tê-la indo tu mesmo a Delfos tomar conhecimento da resposta do oráculo. Além disso, se me surpreendeste, de fato, a tramar secreta conspiração com o adivinho, prende-me e mata-me, mas não me condenes por uma só sentença, senão por duas: pela minha e pela tua.

Não me acuses sem antes me ouvir, sem provas concretas, baseado apenas em suspeitas. Não é justo julgar, arbitrariamente, bons os maus e maus os bons. Repelir o amigo fiel e tirar-lhe a vida, o bem mais precioso, para mim são coisas que se equivalem.

Com o tempo, conhecerás claramente toda a verdade, pois só o tempo revela o homem justo. O homem mau, esse podes conhecê-lo dentro de um dia apenas.

CORO

Ele falou bem, ó rei.
Belas reflexões para o homem prudente,
cauteloso em não errar.
Os que no julgar se apressam
não julgam com segurança.

ÉDIPO

Quando alguém, tramando contra mim, avança rápido e sorrateiro, é preciso que, por minha vez, me apresse em tomar medidas que lhe malogrem os planos. Se eu ficar tranquilamente inativo, os intentos dele vingarão, enquanto os meus irão por água abaixo.

CREONTE

O que pretendes, enfim? Banir-me da pátria?

ÉDIPO

De modo algum. Quero, não que fujas para o exílio, mas que morras.

CREONTE

Quando me tiveres, primeiro, mostrado a razão do teu ódio, então poderás matar-me.

ÉDIPO

Falas como quem não está disposto a ceder nem a dar fé?

CREONTE

Bem vejo que não és sensato.

ÉDIPO

Sou, pelo menos no que diz respeito ao meu interesse.

CREONTE

Importa que o sejas também naquilo que me diz respeito.

ÉDIPO

Não mereces que eu considere os teus interesses, porque és um traidor.

CREONTE

E se estás equivocado?

ÉDIPO

Mesmo assim, deves obedecer.

CREONTE

Não, contudo, ao que governa mal.

ÉDIPO

Ó cidade, ó cidade!

CREONTE

Eu também sou cidadão de Tebas, tu não és o único

CORO

Cessai, senhores! Dos seus aposentos
eis que, em boa hora, vem chegando
a rainha Jocasta. Por seu intermédio,
se poderá aplacar essa rixa.

Entra Jocasta. As duas jovens que a acompanham retiram-se.

3
Jocasta, Creonte, Édipo e o Coro

JOCASTA

Ó infelizes, por que essa gritaria? Essa estúpida discussão? Não vos envergonhais de agitar dissensões pessoais numa hora em que a pátria anda enferma? Não te resolves a ir para casa, Édipo, e tu também, Creonte? Não convertais em grande dor o que não passa de bagatela.

CREONTE

Teu esposo, minha irmã, tenciona infligir-me castigos terríveis, deixando-me escolher um destes dois males: ser expulso do solo pátrio ou morrer.*

---

*Há contradição entre a afirmação de Creonte e as palavras de Édipo, ditas pouco antes: "Quero, não que fujas para o exílio, mas que morras." (*N. do T.*)

ÉDIPO

É verdade. Surpreendi-o, minha esposa, armando embustes contra mim.

CREONTE

Seja eu privado de todo bem, morra eu execrado, se te fiz alguma coisa daquilo que me imputas!

JOCASTA

Oh! Em nome dos deuses, Édipo, crê na sinceridade de Creonte, tem soberano respeito a esse juramento em que se tomaram os deuses por testemunhas e leva em conta também a mim e às pessoas presentes.

CORO

Cede, atende, ó rei,
com boa vontade,
com sabedoria.
Eu te peço, eu te suplico.

ÉDIPO

Em que coisas queres lá que eu ceda?

CORO

Tem respeito a esse homem,
que antes não era pequeno
e que hoje tornou-se grande
por um grave juramento.

ÉDIPO

Sabes bem o que estás pedindo?

CORO

Sei.

ÉDIPO

Explica-te de modo claro.

CORO

Não acuses nem condenes,
sem provas incontestáveis,
um amigo que merece
tua honra e teu respeito,
que a si próprio se ligou
por sagrado juramento.

ÉDIPO

Tenho a certeza de que fazer o que pedes é invocar sobre mim a morte ou o exílio.

CORO

Não. Juro pelo Sol, dos deuses príncipe.
Que eu pereça da morte mais ignóbil,
sem deus e sem amigos, tristemente,
se meu peito abrigar tais intenções.
O que meu peito abriga, o que me punge
e infelicita a alma é o temor
de ver em minha pátria, que se extingue,
novos males somarem-se aos antigos.

ÉDIPO

Parta, pois, este, livre e imune, se a todo custo é necessário que eu morra ou seja banido desta terra, desprezado e coberto de opróbrios. Tuas palavras me tocaram o coração; as tuas, não as deste. Este, em todo lugar onde estiver, será por mim odiado.

CREONTE

Vê-se que cedes com ódio. Quando tua cólera se aplacar, sentirás o peso do remorso. Esse teu temperamento é o carrasco de ti mesmo.

ÉDIPO

Não te decides a deixar-me e a sair?

CREONTE

Sairei, malsinado por ti, mas no conceito destes, aqui presentes, igual ao que sempre fui.

Sai Creonte.

4
O Coro, Jocasta e Édipo

CORO

Senhora, por que tardas a levar
o rei ao aconchego do palácio?

JOCASTA

Vou conduzi-lo, depois de informada sobre o que aconteceu.

CORO

Surgiu uma opinião infundada,
uma dúvida obscura, e as suspeitas,
ainda quando são injustas, ferem.

JOCASTA

Da parte dos dois?

CORO

Sim, da parte de ambos.

JOCASTA

Do que se tratava?

CORO

Basta, rainha, basta! Nossa pátria
está imersa em dor e sofrimento.
Encerre-se de vez esta questão.

ÉDIPO

(Dirigindo-se ao Coro.) Vês a que ponto chegaste? Apesar de eu ser um homem ajuizado, enfraqueceste-me a vontade, amoleceste-me o coração.

CORO

Mais de uma vez te disse, ó soberano:
eu seria insensato, parvo e injusto,
se hoje te abandonasse, a ti, que outrora

à nau da pátria deste rumo certo,
quando agitada num mar turbulento,
prenhe de sofrimentos e incertezas.
Se tanto podes, sê também agora
nosso feliz e amado timoneiro.

JOCASTA

Em nome dos deuses, dize-me também a mim, ó rei, o motivo pelo qual entraste em cólera.

ÉDIPO

Vou te contar, pois tenho por ti maior consideração do que por estes. É por causa de Creonte, e já te digo o que esse homem tramou contra mim.

JOCASTA

Conta-me, que assim ficarei sabendo claramente se a tua acusação tem fundamento.

ÉDIPO

Disse-me que sou eu o assassino de Laio.

JOCASTA

Ele tinha conhecimento do fato por ciência própria ou soube-o de outrem?

ÉDIPO

Enviou-me um tratante de adivinho, de cuja boca se valeu para me acusar, eximindo-se ele de toda a responsabilidade.

JOCASTA

Esquece as razões que possas ter para falar assim.

Escuta-me e lembra-te de que não existe para ti nenhum acontecimento humano que dependa da arte dos adivinhos. Apresentarei, em poucas palavras, a prova do que digo.

Predisse outrora a Laio o oráculo – não direi de Apolo ele mesmo, mas dos seus intérpretes – que era o seu destino morrer pela mão do filho que nascesse de mim e dele. No entanto, corre em tradição que foram uns bandidos estrangeiros que o mataram num trívio.

Três dias não eram passados depois do nascimento do menino, quando Laio atou os pés do recém-nascido e mandou jogá-lo num monte inacessível. De tal modo que Apolo não realizou a predição, segundo a qual o filho devia tornar-se o assassino do pai, nem Laio viu cumprir-se o terrível destino: morrer pela mão do filho. Isso decretaram os vaticínios.

Não dês, pois, a mínima atenção a essas profecias. Quando um deus quer revelar um fato, ele mesmo o faz claramente, sem precisar de adivinhos.

ÉDIPO

Jocasta, ao ouvir essas palavras, nem imaginas como o meu pensamento revoluteia, desgarrado, e que perturbação dos sentidos me invade todo o ser!

JOCASTA

Que inquietação tão súbita é essa que te inspira tais palavras?

ÉDIPO

Parece-me que te ouvi dizer isto: que Laio foi morto junto de um trívio.

JOCASTA

De fato, corria e ainda corre essa voz.

ÉDIPO

E em que lugar ocorreu o triste fato?

JOCASTA

Dizem que na Fócida, no entroncamento dos caminhos que partem de Delfos e de Dáulia*.

ÉDIPO

E quanto tempo faz que isso aconteceu?

JOCASTA

A notícia do assassinato de Laio divulgou-se em Tebas pouco antes de assumires o governo da cidade.

**Dáulia*. Pequena cidade situada perto de Delfos. (*N. do T.*)

ÉDIPO

Ó Zeus, que quiseste fazer de mim?

JOCASTA

O que está te conturbando assim o espírito, Édipo?

ÉDIPO

Não me perguntes. Dize-me, antes, que aspecto físico e que idade tinha então Laio?

JOCASTA

Era alto; na cabeça apontavam-lhe os primeiros cabelos brancos. Fisicamente, era bastante parecido contigo.

ÉDIPO

Infeliz de mim! Parece que, sem saber, invoquei sobre mim mesmo tremendas maldições.

JOCASTA

Que dizes? Olhando-te, me dá medo, Édipo.

ÉDIPO

Temo muito que o adivinho seja mesmo um vidente e que, portanto, tenha dito a verdade. Esclarece-me. Que pensas? Dize-me francamente se ele o é.

JOCASTA

Na verdade, este é também o meu receio. Mas, só posso falar depois que estiver bem-informada.

ÉDIPO

Viajava Laio como simples particular, sem comitiva, ou como soberano, escoltado por muitos homens armados?

JOCASTA

Ao todo, eram cinco, e entre eles estava o arauto. Laio ia sozinho no coche conduzido pelo auriga.

ÉDIPO

Infeliz que sou! Os fatos já são claros. Mas quem foi, minha esposa, que relatou a ocorrência?

JOCASTA

Um criado, o único que se salvou e voltou ao palácio.

ÉDIPO

Estaria ele aqui no palácio agora?

JOCASTA

Não. Depois que voltou do local do crime e soube que tu ocupavas o trono de Laio assassinado, apertando-me as mãos, rogou-me que o enviasse para o campo como pastor de rebanhos, a fim de viver o mais longe possível da cidade. Eu o enviei. Como servo, merecia um favor ainda maior.

ÉDIPO

Ah! Se ele pudesse vir aqui o mais depressa possível!

JOCASTA

É possível, mas, por que desejas isso?

ÉDIPO

Receio ter falado demais, razão por que estou ansioso de ver esse servo.

JOCASTA

Não te preocupes, mandarei chamá-lo, ele virá. Mas talvez eu também seja digna de saber o motivo de tua aflição.

ÉDIPO

Nada te ocultarei, Jocasta, nesta hora em que atingi o auge das minhas apreensões e ansiosas expectativas. Na angustiante situação em que me encontro, a que pessoa mais digna do que tu poderia eu revelar a causa da minha inquietação?

Meu pai, Polibo, era de Corinto; minha mãe, Mérope, da Dórida*. Eu era considerado o maior

*_Dórida_ era uma região da Grécia Central. (_N. do T._)

homem de Corinto*, antes que me acontecesse o seguinte caso, digno, por certo, de estranhar, mas que não merecia ser levado em consideração, tão mesquinho que era.

Foi que certo indivíduo superembriagado, entre copos de vinho, à hora da refeição, me chamou de filho ilegítimo. Muito magoado, a custo me contive aquele dia; mas, no dia seguinte, fui ter com meus pais e os interroguei. Indignaram-se contra o que tal injúria proferira. Eles me tranquilizaram. Contudo, aquela afronta nunca deixou de me atormentar; rastejava sem cessar no meu coração.

Por isso, às escondidas de meus pais, viajei para Delfos a fim de consultar o oráculo. Febo despediu-me sem me honrar com uma resposta atinente ao motivo da minha viagem. Em troca, vaticinou infortúnios, desgraças, coisas terríveis: que estava escrito que eu deveria casar com minha própria mãe, mostrar aos homens uma prole insuportável de ver e, por último, que eu haveria de ser o assassino de meu pai. Assim que ouvi essas coisas, orientando-me pelos astros no resto da viagem, fugi do solo corintiano para um lugar onde jamais pudesse ver cumpridas as ignomínias e infâmias preditas pelo oráculo a meu respeito.

**Corinto.* Rica cidade da Grécia Antiga, rival de Atenas e de Esparta. (*N. do T.*)

A certa altura da viagem, cheguei àquele local onde, como dizes, foi assassinado o rei. E agora, Jocasta, dir-te-ei toda a verdade. Ia eu seguindo o meu caminho, quando, perto da encruzilhada de que me falaste, encontraram-se comigo um mensageiro e certo senhor que ia numa carruagem puxada por dois cavalos novos, tudo como acabaste de contar. Tanto o auriga como o senhor queriam, à fina força, afastar-me do caminho. Eu, então, tomado de cólera, feri o auriga, que tentava desviar-me. Vendo isso, o senhor esperou que eu passasse perto do veículo e aferroou-me a cabeça com um desses bastões de duplo aguilhão. Muito caro pagou a agressão: desandei-lhe com esta mão tão súbita bastonada que o deitei abaixo da carruagem. Matei depois todos os que o acompanhavam.

Se entre aquele estrangeiro e Laio houver algum parentesco, existe agora alguém mais infeliz do que eu? Quem poderia tornar-se mais odiado dos deuses? Não seria permitido nem a um estrangeiro, nem a um concidadão receber-me em casa, dirigirme a palavra, mas todos deveriam expulsar-me com violência. E essas maldições, fui eu mesmo e não outro quem as lançou sobre mim. E o mais grave é que manchei a mulher do morto com estas mesmas mãos que o assassinaram. Não sou eu culpado e vil? Por acaso não me tornei completamente impuro? Se for preciso fugir, não me é permitido ver os meus nem pisar no solo pátrio; do contrário, o destino me obrigará a desposar minha própria mãe e matar meu próprio pai Polibo, que me gerou e nutriu.

Mas, acaso não haveria razão de crer que alguma divindade cruel tenha reservado tão infame sorte a este homem?

Tomara que eu não veja, ó deuses veneráveis, tomara que não veja esse dia terrível! Desapareça eu dentre os homens antes que a desdita venha enodoar-me com tão vergonhosa mancha!

CORO

São para nós horríveis essas coisas,
ó rei; porém, enquanto não ouvires
aquele que testemunha o fato,
não percas a esperança.

ÉDIPO

Oh! Sim, minha única esperança consiste em esperar esse pastor.

JOCASTA

E, uma vez presente esse homem, o que esperas dele?

ÉDIPO

Eu te digo: se o que ele disser coincidir com o que disseste, então poderei esquivar a terrível desgraça.

JOCASTA

Mas, que pormenor tão importante ouviste de mim?

ÉDIPO

Disseste que o pastor afirmou terem sido assassinos que mataram o rei. Se ele reafirmar o mesmo número, no plural, não fui o assassino de Laio, porque *um* não pode ser igual a *muitos*. Se, pelo contrário, falar num só viajante, evidentemente o crime inclina para mim.

JOCASTA

Podes crer que não haverá discrepância entre a sua e a minha narrativa. Aliás, não lhe é permitido contradizer-se, uma vez que o relato dele foi ouvido não só por mim, senão por toda a cidade. E, dado que, neste particular, alterasse a primitiva narração, ainda assim, ó rei, não demonstraria ele, à evidência, que tu foste o assassino de Laio, o qual, segundo o oráculo de Apolo, devia ser morto por um filho que ele teve de mim. Ora, a verdade é que esse infeliz filho não matou o pai, mas pereceu antes que o fizesse. De maneira que doravante não ligarei a vaticínios e adivinhações.

ÉDIPO

Tens razão. Mas, para que não te esqueças, manda já alguém chamar o pastor.

JOCASTA

Mandarei sem demora. Entremos, porém, em casa. Nada farei que não seja do teu agrado.

Édipo e Jocasta entram no palácio.

Segundo estásimo

CORO

1ª estrofe

Ah! Tenha eu a sorte de guardar
a venerabilíssima pureza
em todas as palavras e ações
a que presidem as excelsas leis
geradas lá nos páramos etéreos
e cujo único pai é o Olimpo;
leis não geradas pela raça humana
e que jamais hão de ser abolidas
nem condenadas ao esquecimento.
Um deus onipotente as vivifica,
um grande deus que jamais envelhece.

1ª antístrofe

A soberba gera os tiranos prepotentes.
A soberba, que loucamente se sacia
de coisas ilícitas e nocivas,
depois que galgou os cimos escarpados

de seus desejos e ambições,
despenha-se no abismo fatal,
donde em vão tentará sair.
Peço a deus que jamais se extingam
as competições benéficas a Tebas.*
Deus sempre será meu protetor.

2ª estrofe

Se alguém se ensoberbecer,
em suas obras ou palavras,
sem temor da Justiça dos deuses
nem respeito pelos seus santuários,
que amargue bem triste destino,
em castigo da sua arrogância.
Se ele auferir lucros ilícitos
e não se abstiver da impiedade
ou conspurcar as coisas sagradas,
está procedendo como insensato.
Quem jamais poderia contemplar
tão revoltantes e iníquas obras
sem disparar as setas da cólera?

---

*Não se sabe a que competições alude o poeta. Talvez às investigações para descobrir o assassino de Laio ou, mais provavelmente, às lutas políticas dos cidadãos contra a tirania. Observem-se os belos conceitos expressos na primeira estrofe, na qual se alude às leis divinas ou naturais, gravadas na alma humana. (*N. do T.*)

Se essas coisas más e ímpias
glorificadas são e não punidas,
de que serve eu dançar em honra dos deuses?

2ª antístrofe

Não mais irei venerar o deus
no umbilical e sagrado santuário*,
nem ao templo de Olímpia, nem ao de Abe,
caso os oráculos não se cumprirem
incontestáveis, claros, evidentes
para todos os mortais.
Eia, pois, Zeus onipotente,
regedor de todas as coisas,
se este nome é digno de ti,
não passem despercebidos a teus olhos
e ao teu imortal império
estes lamentáveis fatos.
Estão morrendo desacreditados
os oráculos sobre a morte do rei Laio.
Em parte alguma se venera Apolo.
Decai para a ruína o culto aos deuses.

**Umbilical santuário*. O templo de Apolo, na cidade de Delfos, considerada pelos gregos o centro (o umbigo) da Terra. Abe e Olímpia são outras cidades gregas. Em Abe havia um templo de Apolo; em Olímpia, centro religioso pan-helênico, havia um santuário dedicado a Zeus. Nessa última cidade eram realizados os Jogos Olímpicos. (*N. do T.*)

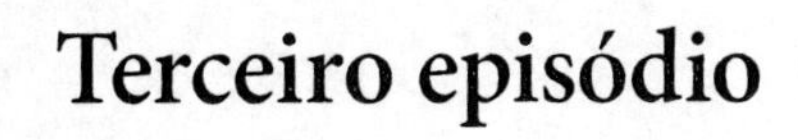

Terceiro episódio

1
Jocasta

Acompanhada de duas jovens, Jocasta sai do palácio e entra em cena. As jovens trazem coroas de flores e oferendas a Apolo.

JOCASTA

Nobres cidadãos de Tebas, veio-me a ideia de ir aos templos dos deuses levando comigo estas coroas e incenso. É que o espírito de Édipo agita-se sobremodo com temores e aflições de toda sorte. Não tem o bom senso de distinguir as coisas novas das velhas, mas acredita cegamente no primeiro que lhe fala de terrores.

Visto que de nada serviriam os meus conselhos, a ti venho, Lício Apolo, pois estás tão perto*, com estas oferendas, para te suplicar que nos concedas

---

**Estás tão perto.* Junto do palácio havia um altar com a estátua de Apolo. (*N. do T.*)

um meio para nos livrar dos males e nos tranquilizar, porque todos, agora, trememos de pavor, ao ver perturbado aquele que é o piloto da nossa nau.

Jocasta deposita as oferendas sobre o altar de Apolo e se prostra, suplicante, ante a imagem do deus, enquanto as jovens queimam incenso.

2
O mensageiro de Corinto, o Coro e Jocasta

Surge, inesperadamente, um mensageiro de Corinto.

MENSAGEIRO

Poderíeis informar-me, estrangeiros, onde fica o palácio do rei Édipo? Dizei-me, sobretudo, se o sabeis, onde ele está.

CORO

O palácio é este mesmo
e o rei está lá dentro, forasteiro.
Esta senhora é sua esposa
e mãe dos filhos dele.

MENSAGEIRO

Sê, pois, sempre feliz, senhora, com os teus igualmente felizes por seres digna esposa de tão grande rei.

JOCASTA

Sejas também tu feliz, forasteiro. Digno és de o ser, por essas tuas benévolas palavras. Dize, pois, a que vieste e que notícias nos trazes.

MENSAGEIRO

Boas notícias para esta família e para teu esposo, senhora.

JOCASTA

Quais? Da parte de quem?

MENSAGEIRO

Estou chegando de Corinto. A mensagem que te trago certamente há de alegrar-te (por que não?), mas também pode entristecer-te.

JOCASTA

Como? A notícia, então, tem duplo efeito?

MENSAGEIRO

Os habitantes de Corinto vão proclamar Édipo seu rei. É o que se diz por lá.

JOCASTA

Como assim? O velho rei Polibo não está ainda no poder?

MENSAGEIRO

Não. Já descansa nos braços da morte, no túmulo.

JOCASTA

Que dizes? Polibo morreu?!

MENSAGEIRO

Morra eu, se não estou falando a verdade!

JOCASTA

(Dirigindo-se a uma serviçal.) Minha serva, leva depressa estas notícias ao rei.

Sai a moça a toda a pressa.

Ó oráculos dos deuses, onde estais? Outrora, temendo matar o pai, Édipo fugiu de Corinto, e agora Polibo morreu, não pelas mãos dele, Édipo, mas de morte natural.

Édipo sai do palácio e entra em cena.

Édipo, Jocasta, o mensageiro de Corinto e o Coro

ÉDIPO

Jocasta, minha esposa tão amada, por que me mandaste chamar?

JOCASTA

Escuta este homem e vê em que dão os augustos vaticínios dos deuses.*

ÉDIPO

Mas quem é este homem e o que deseja ele me informar?

---

*Há ironia nesta frase de Jocasta, que manifesta seu desprezo pelos vaticínios dos deuses. (*N. do T.*)

JOCASTA

É de Corinto e vem comunicar que teu pai Polibo já não vive, está morto.

ÉDIPO

Que dizes, forasteiro? Dá-me tu mesmo a confirmação da notícia.

MENSAGEIRO

Já que me cumpre, antes de tudo, comunicar isso de modo claro, sabe que teu pai morreu.

ÉDIPO

De que maneira? Assassinado ou de doença?

MENSAGEIRO

Um achaque costumeiro pode adormecer para sempre um corpo alquebrado pela velhice.

ÉDIPO

Como era de se esperar, meu desventurado pai morreu de doença.

MENSAGEIRO

E além da doença, sem dúvida, contribuiu a idade avançada.

ÉDIPO

Ah! Quem, Jocasta, haverá que ainda consulte o oráculo de Delfos ou observe os pássaros que piam no céu, indícios esses segundo os quais eu deveria matar meu pai? Ele morreu e jaz debaixo da terra. E eu aqui estou, sem ter tocado em arma assassina, a não ser que o tenham matado as saudades do filho ausente.

Somente assim eu poderia tê-lo matado. Em todo caso, de qualquer maneira que se interprete, o oráculo não é digno de nenhuma fé, porquanto Polibo descansa na morada de Hades.

JOCASTA

Eu não te havia dito?

ÉDIPO

Decerto, mas o medo me transtornava, tolhia-me o raciocínio.

JOCASTA

Daqui por diante não deixarás entrar em teu coração nenhum desses temores vãos.

ÉDIPO

Mas não devo eu temer o tálamo materno?

JOCASTA

Por que haveria o homem de deixar-se dominar pelos temores, se ele está nas mãos do destino e se a previsão do futuro é de todo impossível? Vive-se melhor vivendo-se como se pode, ao léu, sem preocupar-se com o futuro. Não tenhas, portanto, receio do teu "tálamo materno". Muitos mortais houve que, em sonho, se casaram com a própria mãe. Aquele, porém, que não dá a mínima importância a essas coisas leva a vida melhor.

ÉDIPO

Terias razão de sobra em tudo isso, caso minha mãe não fosse viva. Ela, contudo, ainda vive. Embora fales com acerto, é forçoso que eu tema.

JOCASTA

Não obstante, o túmulo de teu pai é, quando menos, uma grande luz*.

ÉDIPO

Grande, concordo; mas tenho medo da que vive.

MENSAGEIRO

Qual é a mulher que te atemoriza?

**Uma grande luz*. Uma prova de que o vaticínio que temes não merece crédito. (*N. do T.*)

ÉDIPO

Mérope, meu bom velho, a consorte de Polibo.

MENSAGEIRO

E por que aquela mulher te inspira temor?

ÉDIPO

Um terrível oráculo divino, forasteiro.

MENSAGEIRO

Pode-se saber? Ou não é permitido que estranhos o saibam?

ÉDIPO

Não há nada que impeça de dizê-lo. Revelou-me, outrora, Apolo que haveria de me casar um dia com minha própria mãe e derramar com estas mãos o sangue de meu pai. Por causa disso, há muito tempo que resido longe de Corinto. Tive êxito, fui feliz, mas sem o doce prazer de contemplar o rosto de meus pais.

MENSAGEIRO

Foi, então, por medo disso que fugiste de Corinto e te exilaste?

ÉDIPO

E também para que não me tornasse o assassino de meu pai.

MENSAGEIRO

E por que não haveria eu, que por amor de ti aqui vim, de libertar-te desse medo?

ÉDIPO

Em verdade, receberias de mim condigna recompensa.

MENSAGEIRO

Vim precisamente para isso: a fim de que possa, com o teu retorno a Corinto, tirar alguma vantagem.

ÉDIPO

Jamais irei para junto dos que me deram à luz!

MENSAGEIRO

Ó filho, é evidente que não sabes o que estás fazendo!

ÉDIPO

Como, bom velho? Explica-me, pelos deuses!

MENSAGEIRO

Se a causa de tua fuga é a que acabas de me dizer, volta para a casa de Corinto.

ÉDIPO

Tenho medo de que Febo cumpra a predição.

MENSAGEIRO

Tens medo, talvez, de te contaminar com algum crime contra os que te deram à luz?

ÉDIPO

É isso mesmo, bom velho, é isso que sempre temerei.

MENSAGEIRO

Pois esse teu receio não tem razão de ser.

ÉDIPO

Como não, se sou filho por nascimento dos pais de que te falei?

MENSAGEIRO

Porque nenhum laço de parentesco existe entre ti e Polibo, no que respeita à geração.

ÉDIPO

Que dizes? Então Polibo não me gerou?

MENSAGEIRO

Tanto quanto eu.

ÉDIPO

E como pode um pai ser igual àquele que não o é?

MENSAGEIRO

A verdade é que nem eu nem ele te geramos.

ÉDIPO

Mas como se explica que ele me chamava seu filho?

MENSAGEIRO

É bom que saibas que, muitos anos atrás, Polibo te recebeu de minhas mãos como presente.

ÉDIPO

E me amou tanto, embora me tenha recebido das mãos de outrem?

MENSAGEIRO

Ele não tinha prole; por isso te adotou e amou como a um filho.

ÉDIPO

Tu me deste a Polibo: compraste-me ou me achaste por acaso?

MENSAGEIRO

Encontrei-te num vale profundo e matoso do Citerão.

ÉDIPO

Com que fim viajavas por aquelas paragens?

MENSAGEIRO

Pastoreava eu ali rebanhos monteses.

ÉDIPO

Eras, portanto, pastor assalariado e errante.

MENSAGEIRO

Sim, e também teu salvador, naquela hora aflitiva.

ÉDIPO

E que dores, que males me afligiam quando me recolheste?

MENSAGEIRO

Poderiam dizê-lo as juntas de teus pés.

ÉDIPO

Infeliz que sou! Por que me falas deste velho aleijão?

MENSAGEIRO

Retirei os fios que perfuravam e atavam os teus pés.

ÉDIPO

Assim, conservei desde o berço estas vergonhosas cicatrizes.

MENSAGEIRO

Foi desse infortúnio que te veio o nome que tens.*

ÉDIPO

Oh! Peço-te pelos deuses, fui enjeitado por meu pai ou por minha mãe? Fala.

MENSAGEIRO

Não sei. Quem te entregou a mim sabe melhor que eu.

---

*O nome *Édipo* (do grego *oidéo*, inchar, + *pús*, pé) significa "o que tem os pés inchados". Em grego: *Oidípus*. (*N. do T.*)

ÉDIPO

Portanto, não me encontraste tu mesmo, mas recebeste-me de outra pessoa.

MENSAGEIRO

Exatamente. Não te encontrei; foi outro pastor que te entregou a mim.

ÉDIPO

Quem é ele? Saberias informar?

MENSAGEIRO

Dizia ele ser um dos servos de Laio.

ÉDIPO

Portanto, do antigo rei desta terra?

MENSAGEIRO

Exatamente. Ele era pastor de Laio.

ÉDIPO

E vive ele ainda, para que eu possa vê-lo?

MENSAGEIRO

(Dirigindo-se ao Coro.) Vós, cidadãos tebanos, decerto sabereis dizê-lo melhor do que ninguém.

ÉDIPO

Haveria algum dos presentes que conheça o pastor de quem fala este homem e que o tenha visto, quer no campo, quer na cidade? Informai, pois a ocasião é propícia para elucidar os fatos.

CORO

Penso não ser nenhum outro
que não aquele camponês
que há pouco desejavas que
viesse à tua presença.
Todavia, quem melhor
que Jocasta, aqui presente,
te poderia informar
sobre o homem que procuras?

ÉDIPO

Conheces, Jocasta, o homem que há pouco mandamos chamar? É o mesmo a quem este forasteiro se referiu?

JOCASTA

Que temos nós com esse homem? Não te preocupes. Trata de nem mesmo te lembrares dessas insignificâncias que acabam de ser ditas.

ÉDIPO

Isso nunca! Para que não suceda que, após ter descoberto tais indícios, eu não consiga esclarecer a minha origem.

JOCASTA

Não busques saber isso, pelos deuses, se ainda tens algum amor à tua vida! Já basta o que estou sofrendo.

ÉDIPO

Tem confiança. Mesmo quando se descubra que sou descendente de três gerações escravas, tu não serás, por isso, desonrada.

JOCASTA

Ainda assim, escuta-me, eu te suplico. Não faças isto!

ÉDIPO

Não posso te ouvir. Preciso saber claramente essas coisas.

JOCASTA

É porque te quero bem e estou a par do que acontece que te aconselho o melhor partido.

ÉDIPO

É precisamente esse teu melhor partido que me vem atribulando desde muito.

JOCASTA

Ó infeliz! Tomara que nunca saibas quem és!

ÉDIPO

(A seus pajens.) Que vá alguém buscar-me o pastor e conduza-o aqui. Quanto a esta,* deixai que rejubile com sua nobre prosápia.

JOCASTA

Ai! Ai! Infeliz! Este é o único nome que te posso dar; outro não terás para sempre.

Jocasta retira-se às pressas, desesperada, e entra no palácio.

**Quanto a esta*. Quanto a Jocasta. Édipo diz estas palavras irônicas dirigindo-se ao Coro. (*N. do T.*)

4
O Coro e Édipo

CORO

Por que será, ó rei, que tua esposa
saiu tão agitada e impetuosa,
presa de indisfarçável dor feroz?
Temo esse premonitório silêncio.
Temo que dele irrompam grandes males.

ÉDIPO

Irrompam quantos quiserem! Eu quero saber a minha origem, por mais humilde que ela seja.. Ela, mulher vaidosa que é, orgulha-se da sua nobre estirpe e talvez se envergonhe do meu obscuro nascimento. Eu não me considero desonrado, reputando-me filho mimoso da Fortuna*. De tal

*_Filho mimoso da Fortuna_. Filho natural, ilegítimo. Fortuna era a deusa do destino, da sorte. (_N. do T._)

mãe nasci. As vicissitudes da vida de humilde me tornaram grande e poderoso. Já que não está em minhas mãos mudar a minha origem, por que não hei de envidar todos os esforços para conhecê-la?

Terceiro estásimo

CORO

Estrofe

Se não me engano em minha previsão,
se minha inteligência não me trai,
eu juro pelo Olimpo, ó Citerão,
que eu hei de ver te festejarem todos,
amanhã, no plenilúnio,
como a pátria, a nutriz e a mãe de Édipo,
e seres por nós todos aclamado
com ovações e danças,
em retribuição ao teu carinho
pelo nosso amado rei.
Sejam do teu agrado esses meus votos,
ó Febo salvador!

Antístrofe

Qual foi, dentre as longevas ninfas, filho*,
qual a que, unida ao montívago Pã**,
te deu à luz do dia?
Ou terá sido uma amante de Apolo
que te trouxe a este mundo?, pois ele ama
os campos e as planícies pastoris.
Talvez o deus que governa o Cilene?***
Talvez o alegre deus das bacanais****,
habitador dos cumes alterosos,
te recebeu, como imprevista dádiva,
de alguma das formosas ninfas do Hélicon*****,
com quem ele costuma divertir-se.

**Filho*. Édipo. (*N. do T.*)

***Pã*. O deus dos campos e dos montes, protetor dos pastores. *Montívago*, que anda pelos montes. (*N. do T.*)

***O *deus que governa o Cilene*. Hermes, nascido, segundo o mito, no monte Cilene, no Peloponeso, no Sul da Grécia. (*N. do T.*)

*****Deus das bacanais*. Baco, também chamado *Dioniso*. (*N. do T.*)

******Hélicon* ou *Helicão*. Monte da Beócia, região da Grécia cuja capital era Tebas. (*N. do T.*)

Quarto episódio

Édipo, o Coro, o mensageiro de Corinto e o servo de Laio

Entra o velho pastor de Laio, conduzido por dois guardas de Édipo.

ÉDIPO

Pelo que posso conjeturar e se bem que nunca me tenha encontrado com ele, parece-me ver, anciãos*, o pastor que de há muito procuramos. Com efeito, sua idade avançada emparelha perfeitamente com a deste homem; aliás, reconheço também os meus servos que o foram buscar. Talvez poderás reconhecê-lo melhor do que eu, tu**, que já o viste antes.

**Anciãos*. Os anciãos tebanos que compunham o Coro, aos quais Édipo se dirige, ao ver chegar o servo de Laio. (*N. do T.*)

***Tu*. Édipo se dirige particularmente ao corifeu, a principal figura do Coro, na tragédia grega. (*N. do T.*)

CORO

Conheço-o, de fato.
Foi o pastor de Laio,
fiel a toda a prova.

ÉDIPO

Pergunto primeiramente a ti, forasteiro de Corinto, é este mesmo o homem de quem falas?

MENSAGEIRO

É este mesmo que estás vendo.

ÉDIPO

Digna-te, bom velho, de me olhar e responder a quantas perguntas te fizer. Pertenceste, outrora, a Laio?

SERVO

Fui servo, não comprado, mas criado na casa dele.

ÉDIPO

Em que lidavas? Que vida levavas?

SERVO

Fui quase sempre pastor.

ÉDIPO

Em que regiões mais frequentemente acampavas?

SERVO

Umas vezes no Citerão, outras nos arredores desse monte.

ÉDIPO

Este homem, recordas-te de o ter conhecido ali, em algum lugar?

SERVO

Fazendo o quê? De que homem falas?

ÉDIPO

Deste que está aqui a teu lado. Acaso te encontraste com ele alguma vez?

SERVO

Não o posso dizer de pronto, sem pensar.

MENSAGEIRO

Não há que estranhar, senhor rei. Mas eu vou despertar sua memória. Sei que ele se lembra muito bem do tempo em que, junto ao Citerão, eu convivia com ele os seis meses inteiros que vão da primavera ao nascimento de Arturo*, pastoreando ele três manadas e eu uma só. Quando chegava o inverno, eu tangia o rebanho para os meus currais, e ele, para os de Laio. É ou não é verdade?

SERVO

O que dizes é verdade, embora isso tenha acontecido há tantos anos!

**Arturo ou Arcturo.* Estrela alfa da constelação do Boieiro, que aparece no outono europeu. *Da primavera ao nascimento de Arturo:* de março a setembro (no hemisfério Norte). (*N. do T.*)

MENSAGEIRO

Dize-me agora uma coisa: lembras-te de haver-me dado, naqueles tempos, certa criancinha para que eu a criasse como filho meu?

SERVO

Que significa isso? A que propósito vem essa tua pergunta?

MENSAGEIRO

(Apontando para Édipo.) É este senhor, amigo, a criancinha que me deste.

SERVO

Maldito sejas! Não vais ficar calado?

ÉDIPO

Ah! Não censures este homem, velho! Tuas palavras são mais repreensíveis que as dele.

SERVO

Em que errei, boníssimo soberano?

ÉDIPO

Recusando-te a responder à pergunta que ele te fez a respeito da criança.

SERVO

É que ele fala sem saber nada do que diz. Palavras vãs. Está se cansando inutilmente.

ÉDIPO

Não queres falar por bem; pois haverás de falar chorando.

SERVO

Não, pelos deuses! Não maltrates um velho como eu!

ÉDIPO

(Chamando seus servos.) Amarrem-lhe imediatamente as mãos às costas*.

SERVO

Infeliz que sou! Por quê? O que buscas saber, mandando-me torturar?

ÉDIPO

Deste a este homem a criança, como ele acaba de afirmar?

SERVO

Dei. Tomara tivesse eu morrido naquele dia!

ÉDIPO

Mas é isto mesmo que te acontecerá, se não disseres a verdade.

**Amarrar as mãos às costas.* Castigo infligido a escravos condenados à tortura. (*N. do T.*)

SERVO

No meu caso, falar é muito pior que a morte.

ÉDIPO

Este indivíduo, pelo que parece, está usando de evasivas.

SERVO

Não, de modo algum. Já não te disse que a dei?

ÉDIPO

Donde, de quem tomaste a criança? De tua família ou de outrem?

SERVO

Minha que não era! Recebi-a de alguém.

ÉDIPO

De algum destes cidadãos e de que casa?

SERVO

Não, pelos deuses te suplico, soberano, não perguntes mais!

ÉDIPO

Morrerás, se me obrigares a repetir a pergunta.

SERVO

Pois bem... era... um dos filhos de Laio.

ÉDIPO

Nascido escravo ou filho legítimo dele?

SERVO

Infeliz de mim, que chegou a terrível hora de revelar toda a horrenda verdade!

ÉDIPO

Mais infeliz sou eu, que a vou ouvir. Mas é preciso ouvi-la.

SERVO

É certo que a criança passava por ser filho de Laio. Melhor do que qualquer outro te explicaria essas coisas é quem está lá dentro do palácio, a tua esposa.

ÉDIPO

Foi ela quem te deu a criança?

SERVO

Ela mesma, senhor.

ÉDIPO

Para que fim? Com que intenção?

SERVO

Para que a matasse.

ÉDIPO

O filho que ela deu à luz? Malvada!

SERVO

Em verdade, por temor de um mau oráculo dos deuses.

ÉDIPO

Qual?

SERVO

Dizia o oráculo que aquele filho haveria de matar seus pais.

ÉDIPO

E por que entregaste a criança a este ancião?

SERVO

Por pura compaixão da infeliz criança, senhor, esperando que ele a levasse para a terra onde morava. Ele a salvou para maiores males. Se és tu, realmente, a criança de quem se está falando, sabe que nasceste para seres infeliz.

ÉDIPO

Ai! Ai! Tudo agora está desvendado. Tudo se tornou evidente! Ó luz, pudesse eu agora nunca mais te ver! Revelaste ter eu nascido de quem não devia nascer, casado com quem não devia casar e matado quem não devia matar.

Édipo entra precipitadamente no palácio.
Só o Coro permanece em cena.

Quarto estásimo

CORO

1ª estrofe

Ah! gerações humanas, ah! mortais,
não passa de ilusão a vossa vida.
Qual o mortal que, tendo conseguido
provar um pouco de felicidade,
bastante para se dizer feliz,
não a perdeu assim que ele julgou
que o destino jamais lhe roubaria?
Teu exemplo, teu trágico destino,
ó desditoso Édipo, me ensina
a não chamar feliz nenhum mortal.

1ª antístrofe

Com destreza inexcedível
ele arremessou o dardo
e atingiu o fastígio
da felicidade, ó Zeus!

Dando à virgem-profetisa*,
o monstro de unhas aduncas,
a morte que merecia,
ele ergueu-se, qual muralha,
contra a morte em minha terra.
Por essa insigne proeza,
nosso rei foi aclamado
e altas honras lhe rendemos
enquanto durou seu reino
na soberba e grande Tebas.

2ª estrofe

Mas agora haverá alguém, no mundo,
que seja mais infeliz do que tu?
Quem, nas vicissitudes desta vida,
teve trabalhos e infortúnios mais cruéis?
Ah! Famigerado Édipo,
que frequentaste o tálamo nupcial
ao mesmo tempo como esposo e como filho!
Como, infeliz, como pôde o materno seio,
já fecundado por teu pai,
suportar-te, em silêncio, sem protesto
e por tão longos anos?

**Virgem-profetisa*. A Esfinge. (*N. do T.*)

2ª antístrofe

O Tempo, que tudo vê,
descobriu-te, mau grado teu,
te condenou e puniu
por teu funesto conúbio,
que por muito tempo uniu
o gerado à genitora.
Oxalá, oxalá, filho de Laio,
nunca te houvesse visto!
Dou largas, pois, aos lamentos;
de minha boca derramam-se
altíssimos gritos de dor.
Mas, valha a verdade, foi graças a ti
que respirei aliviado*
e que cerrei os olhos
num sono doce e repousante.

**Respirei aliviado.* Entenda-se: por ter Édipo livrado os tebanos da cruel Esfinge, restituindo-lhes a tranquilidade. (*N. do T.*)

Êxodo*

Êxodo. A parte final da tragédia grega. (*N. do T.*)

1
O mensageiro do palácio e o Coro

Sai do palácio e entra em cena um mensageiro, pajem da rainha, para dar ao Coro tristíssimas notícias.

MENSAGEIRO

Nobres e honrados cidadãos desta terra, que coisas haveis de ouvir, que fatos haveis de ver, que dores haveis de sentir, se ainda vos podem comover as fibras que prendem a vossa descendência à casa de Lábdaco!

Creio que nem as águas do Istro, nem as do Fase* poderiam purificar esta casa, tal a enormidade dos males voluntários e conscientes que nela se ocultam e que dentro de instantes aparecerão à luz do dia. Os sofrimentos atormentam mais quando são voluntários.

**Istro.* Rio Danúbio. *Fase* ou *Fásis.* Nome do atual rio Rion, que nasce no Cáucaso e deságua no Mar Negro. (*N. do T.*)

CORO

As desgraças que nós já conhecíamos
são todas dignas de lamentação.
Que outros males nos vens anunciar?

MENSAGEIRO

Para falar sem rodeios, comunico-vos que a divina Jocasta morreu.

CORO

Oh! Infeliz rainha! Mas de quê?

MENSAGEIRO

Suicidou-se. Não posso descrever o momento mais doloroso, porque não testemunhei o suicídio. Contudo, referirei tudo o que se gravou na minha mente acerca dos sofrimentos daquela desventurada mulher.

Com o rosto afogueado de cólera, atravessou o vestíbulo, seguiu precipitadamente para o quarto nupcial, arrepelando-se os cabelos com as mãos.

Assim que entrou, depois de fechar as portas com violência, se pôs a evocar o defunto Laio, lembrando-lhe o antigo filho por cujas mãos ele deveria perecer e de quem ela mesma haveria de ter uma infeliz prole.

Deplorou o duplo tálamo, onde desgraçadamente teve do esposo o próprio esposo, e filhos, do próprio filho.

Depois disso, não sei como a rainha se matou, porque Édipo surgiu subitamente, aos gritos, pelo que não era possível ver o mal que ela a si mesma infligia. Todos seguíamos com os olhos a Édipo, que girava, furioso, pelo palácio, de um lado para outro, sem rumo. Sempre girando, pediu-nos que lhe trouxéssemos um punhal e perguntou onde estava a sua esposa-não-esposa, para golpear-lhe o seio materno, que o dera ao mundo a ele e aos filhos dele.

Deve ter sido algum espírito mau que revelou ao rei enfurecido onde a rainha se encontrava, porque nenhum dos presentes lhe indicou. Proferindo coisas terríveis, e como que conduzido por um guia, arroja-se contra a porta de dois batentes, arranca-a dos gonzos e invade a câmara nupcial. Dentro vimos Jocasta dependurada, tendo-se enforcado com cordas. O infeliz rei, assim que a viu, dando rugidos pavorosos e soturnos, correu a desatar o corpo da suicida.

Depois que o cadáver da desditosa mulher descansou no chão, seguiram-se cenas horríveis de ver: arrancando-lhe das vestes os broches de ouro que lhes serviam de adorno, Édipo ergueu-os e enterrou-os nos próprios olhos, mutilando-os, dizendo que aqueles olhos não mais veriam nem os males que sofreu, nem os que tentou evitar, e que, pelo resto da vida, haveriam de ver nas trevas os filhos que ele não devia ver e não haveriam de conhecer os pais que ele quisera conhecer.

Vociferando muitas vezes essas imprecações e soerguendo as pálpebras, golpeou os olhos mais de uma vez. A cada golpe, as vermelhas pupilas regavam-lhe a face; no fim, já não vertiam um filete de sangue fresco, mas golfavam sangue coagulado, como uma chuva escura e sanguinoso granizo que lhe rociavam o rosto.

Essas desgraças nasceram não só de um, mas dos dois, do rei e da rainha, e se abateram sobre ambos. Pouco antes, desfrutavam de verdadeira felicidade; agora, no mesmo dia, o gemido, o infortúnio, a morte, a degradação, a maldição e quantos nomes a desgraça possa ter, nenhum está ausente; não falta um só.

CORO

E como está agora
o desditoso rei?
Um pouco mais tranquilo?

MENSAGEIRO

Brada para que alguém abra as portas e mostre a todos os descendentes de Cadmo o parricida e o... da mãe – não é lícito repetir coisas ímpias – e, depois, que o expulsem do solo pátrio, onde ele, amaldiçoado que foi por si mesmo, não pode permanecer por mais tempo. Precisa, contudo, de um guia forte, pois a grandeza da desgraça é superior às suas forças. Vós mesmos o vereis, pois já se abrem as portas do palácio. Vereis, de pronto, um espetáculo capaz de comover até um inimigo.

Édipo, cego e ensanguentado, sai do palácio guiado por dois servos e, com passos vacilantes, avança para o cenário.

2
O Coro e Édipo

CORO

Oh! Espetáculo insuportável!
De quantos tenho visto, o mais horrível!
Que loucura, infeliz, te acometeu?
Que espírito maligno foi esse
que se arrojou com tão furioso ímpeto
de encontro a teu fatídico destino?
Não tenho nem coragem de encarar-te,
ó infeliz, embora arda em meu peito
desejo de fazer-te mil perguntas,
de me certificar de tantas coisas!
Que estranhos arrepios em mim causas!

ÉDIPO

Ai! Ai! Infeliz de mim! Para onde estou indo eu, mísero? Esta voz que ouço é mesmo a minha? Ah! Espírito mau! Em que abismo me precipitaste! A que extremos chegaste, Fatalidade!

CORO

A extremos nunca vistos nem ouvidos.

ÉDIPO

Ah! Nuvem de trevas abominável! Noite que me surpreendeste com todo o teu horror, indômita, impelida pelos ventos fatais da adversidade! Ainda uma vez, infeliz de mim! Mil vezes infeliz! A memória de meus males penetrou em mim como o aguilhão em meus olhos.

CORO

Tão grandes, rei, são as tuas desgraças
que não me admira nem me surpreende
que em dobro sofras e que em dobro chores,
pois o teu mal atinge o corpo e a alma.

ÉDIPO

Oh! Amigo! Tu certamente continuas a ser meu companheiro fiel, pois sinto que ainda te preocupas com este cego. Infeliz! Infeliz de mim! Muito embora envolto em trevas, reconheço claramente a tua voz.

CORO

Que coisa horrenda fizeste!
Como tiveste a coragem
de extinguir a própria vista?
Que divindade cruel
te incitou a fazer isso?

ÉDIPO

Apolo, amigos, foi Apolo o autor de meus males, destes meus males; porém, a mão que vibrou o golpe outra não foi senão a minha. Porque, de que serviria enxergar, se não poderia ver nada que me pudesse ser agradável?

CORO

Seria tal como dizes,
rei desditoso, infeliz.

ÉDIPO

Com efeito, amigos, que coisa há no mundo que eu ainda possa amar, ver e ouvir com prazer? Retirai-me daqui o quanto antes, amigos; expulsai esta grande peste, o homem mais execrável e odioso aos deuses.

CORO

Desgraçado por causa dos teus males
e pela consciência que tens deles!
Tomara nunca houvesses conhecido
a tua origem nem os teus delitos!

ÉDIPO

Maldito o homem - seja ele quem for - que me recolheu num pasto, a mim que tinha os pés amarrados com cruéis ataduras, e me salvou da morte. Sua obra não foi um benefício, não merece gratidão. Tivesse eu então morrido e não estaria agora sofrendo e fazendo sofrer meus amigos!

CORO

Tal seria também o meu desejo.

ÉDIPO

Assim, decerto, não me haveria tornado assassino de meu pai, nem os homens me chamariam esposo da mulher de quem nasci. Mas tudo conspirou contra mim, e agora sou um ímpio, filho de ímpios e esposo desgraçado daquela que me deu o ser. Dos males que existem neste mundo o pior coube em sorte a Édipo.

CORO

Não sei se posso afirmar
que deliberaste bem,
mas seria preferível
não viver a viver cego.

ÉDIPO

Não me digas que não fiz bem em me cegar, nem me dês conselhos. Eu, com efeito, não sei com que olhos, quando chegasse à mansão de Hades*, com que olhos me atreveria a encarar meu pai e minha desditosa mãe, aos quais causei males tão graves que nem a forca poderia repará-los.

**A mansão de Hades.* A morada dos mortos. Os gregos acreditavam que a sombra (a alma) dos mortos, no além-túmulo, seria a imagem fiel do corpo. Uma pessoa que morresse cega, por exemplo, seria cega na mansão de Hades. (*N. do T.*)

Além disso, como poderia eu alimentar o desejo de ver crescerem os filhos do meu crime? Não! Com estes olhos, nunca!

Jamais desejarei ver nem a cidade, nem as muralhas que a cingem, nem as imagens sagradas dos deuses. Fui eu mesmo que me privei dessas coisas todas, eu, que até bem pouco era o mais famoso dos que viveram em Tebas e agora, completamente infeliz; eu, que ordenei a todos os tebanos que me repelissem como a um ímpio, como um homem que os deuses declararam impuro e nascido da família de Laio.

Depois que se descobriu a mancha que me desonra, poderia eu olhar com olhos serenos estes cidadãos? De modo algum!

Se também me fosse possível fechar a fonte da audição, não vacilaria em isolar este indigno corpo das sensações externas, encerrando-o no túmulo da cegueira e da surdez. Nas dores e aflições da vida é agradável ser privado dos sentidos.

Ah! Citerão, por que me recebeste? Por que não me extinguiste logo o sopro da vida quando me abrigaste, para que eu nunca tivesse de revelar aos homens a minha origem? Ó Polibo, ó Corinto, e vós, fingidos pátrios lares, quantos males se ocultavam debaixo da aparente beleza daquele que nutristes! Agora descobri que sou criminoso e descendente de criminosos.

Ó trívio, ó vale recôndito e sombrio, ó floresta de carvalhos, ó desfiladeiro onde a estrada se triparte, vós que vos embebestes do sangue de meu pai, do sangue que era meu e que minhas mãos derramaram, acaso ainda vos lembrais do crime que junto a vós cometi e daquele que perpetrei logo depois, ao chegar a esta cidade?

Ó himeneu, himeneu, geraste-me e, depois de me gerar, produziste novamente a mesma seiva e, daquela que foi ao mesmo tempo mulher, esposa e mãe, geraste o abominável amálgama de pai, irmão e filho, sangue da mesma estirpe, coisas que os homens consideram o extremo da torpeza.

Mas, como não se deve falar de coisas que não são permitidas fazer, peço-te, pelos deuses, esconde-me em algum lugar, mata-me ou atira-me no fundo do mar, onde não me possas ver para todo o sempre. Vamos! Digna-te de tocar neste mísero homem. Obedece, não tenhas medo, porque a vergonha dos meus males nenhum mortal a pode carregar, a não ser eu mesmo.

CORO

Para satisfazer os teus desejos
e decidir o que convém fazer,
em boa hora aqui chegou Creonte,
pois ele se tornou, em tua ausência,
único soberano desta terra.

ÉDIPO

Infeliz de mim! Que lhe haverei agora de dizer? Merecerei sua confiança e benevolência, eu que há pouco lhe fiz injustas e sórdidas acusações?

3
Creonte, Édipo e o Coro

Creonte entra em cena, acompanhado de dois pajens.

CREONTE

Não vim para escarnecer de ti, Édipo, nem para te censurar as falsas acusações de há pouco ou te insultar.

Mas vós *(Creonte se dirige aos guias de Édipo)*, se já não respeitais a raça humana, tende respeito, ao menos, ao soberano Hélio, cuja luz dá vida a todos os seres, e temei de exibir assim, publicamente, tão impuro ente, coisa que nem a terra, nem a chuva, nem a sagrada luz podem tolerar. Levai-o imediatamente para dentro. Só aos familiares incumbe a pia obrigação de lhe ver e ouvir os males.

ÉDIPO

Já que, contra toda expectativa, vieste a mim, o pior dos homens, animado de tão humanos sentimentos, pelos deuses, concede-me um favor, pois é para o teu bem que peço, não para o meu.

CREONTE

De que precisas, para me rogares assim com tanta insistência?

ÉDIPO

Expulsa-me, quanto antes, desta terra para algum lugar onde nenhum mortal possa dirigir-me a palavra.

CREONTE

Faria isso de muito boa vontade, asseguro-te, se antes não fosse preciso consultar o deus acerca do que convém fazer.

ÉDIPO

Mas ele já o manifestou bem claramente: que o parricida, que o ímpio, que sou eu mesmo, seja eliminado.

CREONTE

Convenho. Mas, em vista da presente situação, é melhor consultar o oráculo de novo.

ÉDIPO

Será necessário consultar o oráculo por causa de um homem tão infeliz e desprezível como eu?

CREONTE

Sem dúvida, podes agora acreditar nos deuses.

ÉDIPO

Por minha vez, recomendo-te, suplico-te, dá tu mesmo sepultura, onde quiseres, aos despojos mortais daquela que jaz no palácio;* assim, cumprirás, como convém, os últimos deveres com os teus**.

Que esta cidade dos nossos antepassados cesse, enquanto eu for vivo, de me considerar digno de viver entre seus muros, mas deixe-me viver nas montanhas, lá onde se ergue o meu famigerado Citerão, túmulo que meus pais escolheram para

---

**Aquela que jaz no palácio*. Jocasta. (*N. do T.*)

***Os teus*. Convém lembrar que Jocasta era irmã de Creonte. (*N. do T.*)

sepultar-me vivo. Em vão o tentaram, pois de uma coisa estou certo: nem a doença nem qualquer outro mal podem destruir-me. Com efeito, quando estava a ponto de morrer no Citerão, se fui salvo, não foi senão para ser fadado a alguma grande desgraça. Corra, pois, o meu destino a seu bel-prazer!

Não te preocupes com meus filhos varões, Creonte: são homens e, onde quer que estejam, não lhes faltarão meios de subsistência.

(Creonte faz sinal a um dos seus pajens para buscar as duas filhas de Édipo.)

Quanto, porém, às minhas duas infelizes filhas*, tão dignas de compaixão, que nunca sentavam à mesa sem ter o pai a seu lado e que se serviam de tudo quanto ele saboreava, cuide sempre delas com amor. Sobretudo, deixa-me tocá-las com estas mãos e chorar nos braços delas as minhas desgraças. Eia, senhor! Vamos, nobre e generoso príncipe! Tocá-las e abraçá-las, para mim, é vê-las.

(Ouve-se o choro das meninas de Édipo, que chegam trazidas pelo pajem.)

O que é isto? O que estou ouvindo não é o choro de minhas duas queridas filhas? Querem ver que Creonte, compadecido de mim, me trouxe aqueles dois amores de criaturas minhas?! Será verdade?

**Infelizes filhas*. Chamavam-se Antígona e Ismene. (*N. do T.*)

CREONTE

Sim, é verdade. Fui eu que te procurei esta consolação, pois, bem sei que, como antes, desejas gozar da companhia de tuas filhas.

ÉDIPO

Sê feliz, amigo, e que, em paga dessa tua benevolência, um deus mais propício que o meu te assista e proteja.

Onde estais, minhas filhas? Vinde aqui, vinde para estas minhas mãos fraternas, que vos obtiveram vísseis neste estado os olhos de vosso pai, ainda há pouco brilhantes. Eis, filhas, que, sem saber nem suspeitar, me tornei vosso pai daquela que me gerou.

Choro por vós, minhas filhas, pois não vos posso ver, pensando na amarga vida que doravante ireis viver na sociedade dos homens. A que assembleia de cidadãos, a que festa podeis ir sem que dali volteis para casa chorando, convertendo, assim, o espetáculo em mágoa? E quando alcançardes a idade de casar, quem, filhas, quem irá aventurar-se a aceitar semelhantes degradações, que são a ruína de meus e de vossos pais? Não falta, portanto, nenhum mal, é toda uma desgraça: vosso pai matou seu pai, casou com a mulher que o deu à luz, e dessa união é que vós nascestes.

Sereis insultadas por isso. Quem vos desposará? Ninguém, filhas, ninguém. É mais do que certo que não podereis fugir à dura sorte de morrer solteiras e sem prole.

Ó filho de Meneceu*, tu que és agora o único pai destas crianças – pois estamos mortos os dois, que as geramos –, não permitas que tuas sobrinhas errem pelo mundo, mendigas, sem o auxílio de um esposo. Não consintas que elas me igualem na grandeza de minha desgraça. Compadece-te delas, assim tão novas e desamparadas de todos, menos de ti. Inclina-te para mim, nobre amigo, toca a minha mão com a tua.

(Creonte aperta a mão direita de Édipo, como prova de que aceita ser o tutor das duas meninas.)

Se tivésseis, filhas, o discernimento das coisas, muitos conselhos vos daria eu. Agora, fazei comigo esta súplica aos céus: que, onde quer que as circunstâncias vos permitirem viver, tenhais melhor sorte do que a de vosso pai.

CREONTE

Basta, Édipo! Basta de lamentos e de lástimas. Vai para dentro do palácio.

**Filho de Meneceu*. Creonte. (*N. do T.*)

ÉDIPO

É preciso que obedeça, embora a contragosto.

CREONTE

As coisas são boas quando oportunamente feitas.

ÉDIPO

Sabes com que condição vou entrar?

CREONTE

Podes dizê-la, que te escuto.

ÉDIPO

Se me banires desta terra.

CREONTE

Pedes-me uma coisa que só o deus pode conceder.

ÉDIPO

Mas se eu sou aquele mais odiado pelos deuses...

CREONTE

Neste caso, serás prontamente atendido.

ÉDIPO

Tens certeza? É verdade o que dizes?

CREONTE

Não gosto de afirmar o que não penso.

ÉDIPO

Leva-me, então, daqui, agora mesmo.

CREONTE

Vem, mas separa-te de tuas filhas.

ÉDIPO

Não! Não! Pelo menos não me prives de minhas filhas.

CREONTE

Não queiras conseguir tudo. As tuas vitórias passadas não te acompanharam na vida.

Édipo, guiado por dois pajens, e seguido por Creonte e as meninas, entra no palácio.

CORO

Contemplai, cidadãos da pátria Tebas,
contemplai esse Édipo famoso,
habilidoso em decifrar enigmas,
que tinha em suas mãos força e poder,
rei invejado, próspero e feliz,
mas sobre o qual acaba de abater-se
furiosa tempestade de infortúnios.
Pelo que vedes, a nenhum mortal
que ainda espera o dia derradeiro
considereis feliz,
antes que tenha atingido e transposto,
livre de qualquer desgraça,
o marco final da vida.

fim

EDIÇÕES BESTBOLSO

Antígona

Sófocles viveu aproximadamente de 496 a.C. a 406 a.C. Foi um grande dramaturgo grego, filho de um rico mercador de armas. Nascido na cidade de Colono, próxima à Atenas, escreveu 123 peças ao longo da vida, mas apenas sete se mantiveram completas até a atualidade. Foi contemporâneo de Ésquilo e Eurípedes, dois outros grandes trágicos gregos. Suas tragédias foram vencedoras de diversos concursos dramáticos sediados em Atenas. As peças mais conhecidas de Sófocles fazem parte da Trilogia Tebana, composta por *Antígona*, *Édipo Rei* e *Édipo em Colono.*

SÓFOCLES

ANTÍGONA

LIVRO VIRA-VIRA 2

Tradução de
DOMINGOS PASCHOAL CEGALLA

Ilustrações de
MAURÍCIO VENEZA

1ª edição

EDIÇÕES
BestBolso

RIO DE JANEIRO – 2016

CIP-BRASIL. CATALOGAÇÃO NA FONTE
SINDICATO NACIONAL DOS EDITORES DE LIVROS, RJ

Sófocles, 496 a.C. 406 a.C.
S664a Antígona: livro vira-vira 2 / Sófocles; tradução Domingos
1ª ed. Paschoal Cegalla. – 1ª ed. – Rio de Janeiro: BestBolso, 2016.
12 × 18 cm.

Tradução de: Ἀντιγόνη
ISBN 978-85-7799-467-0

1. Teatro grego (Tragédia). I. Cegalla, Domingos Paschoal. II. Título.

14-16609
CDD: 882
CDU: 821.14'02-2

Antígona, de autoria de Sófocles.
Título número 413 das Edições BestBolso.
Primeira edição impressa em abril de 2016.
Texto revisado conforme o Acordo Ortográfico da Língua Portuguesa.

Título original grego:
Ἀντιγόνη

www.edicoesbestbolso.com.br

Design de capa: Luciana Gobbo.

Impresso no Brasil

ISBN 978-85-7799-467-0

Apresentação*

Depois de *Édipo Rei, Antígona* é, sem dúvida, a tragédia mais conhecida e apreciada de Sófocles. Representada pela primeira vez em Atenas, no ano 441 a.C., ainda hoje é capaz de despertar no leitor belos e fortes sentimentos, além de profundas emoções.

A protagonista da peça, Antígona, filha de Édipo, moça enérgica e destemida, resiste e desobedece a um decreto de Creonte, rei de Tebas, e é, por isso, condenada à morte.

Por determinação de Creonte, o corpo de Polinices (irmão de Antígona), que morreu lutando contra Tebas, não deve ser sepultado, e sim entregue aos cães e às aves de rapina. Contra essa ordem desumana insurge-se Antígona. Sozinha, cobre com terra o cadáver do irmão e faz sobre ele as libações do ritual. Surpreendida pelos guardas, é presa e levada a Creonte. Antígona justifica a sua piedosa ação dizendo destemidamente ao rei:

*Texto originalmente publicado pela Editora Difel, em 2000. (*N. do E.*)

– Eu não creio que teus decretos, escritos pela mão de um mortal, possam ser superiores às leis não escritas e imutáveis dos deuses. Elas não são de hoje nem de ontem, mas são eternas, vigoram em todos os tempos e ninguém sabe quando nasceram. Eu tinha para mim que não devia, por temor da arrogância de um homem, transgredir essas leis e ser castigada pelos deuses.

Obcecado pelo orgulho e ódio, Creonte não volta atrás de sua decisão, e as consequências trágicas explodem, uma após a outra, de todos os lados.

Sófocles conduz a ação dramática e entrelaça os acontecimentos com admirável maestria, de modo a manter o leitor em crescente expectativa até o desenlace.

Os diálogos são vigorosos, vibrantes, marcados por ironias. Espelham com nitidez os sentimentos e o caráter dos personagens.

No final de cada episódio, o Coro, composto de provectos cidadãos tebanos, manifesta suas impressões acerca dos acontecimentos, faz reflexões de caráter moral, expressa suas apreensões, invoca o auxílio dos deuses, canta o poder do homem e a força do Amor e deplora a triste sorte de Antígona, a heroína que dá a vida pelo irmão extinto.

É nos versos cantados pelo Coro que se manifesta o lirismo singelo e encantador de Sófocles.

Dramaturgo de espírito equilibrado e sereno, Sófocles tinha raro talento e cedo conquistou a glória e a simpatia dos atenienses, que depois de sua morte lhe ergueram um pequeno santuário, onde o veneravam como a um herói.

É oportuno lembrar que o teatro grego não era representado em um recinto fechado, mas aberto, sem cobertura, ao ar livre. As arquibancadas para os espectadores, construídas nas encostas de colinas, formavam um grande semicírculo, na frente do qual ficava a *orquestra,* área circular destinada aos atores, ao Coro e aos músicos. Atrás da orquestra, bem visível aos espectadores, erguia-se o cenário. Ainda existem ruínas desses teatros gregos, como o *Teatro de Dioniso,* em Atenas, e o de *Epidauro,* o mais bem-conservado. Os atores usavam grandes máscaras amplificadoras da voz e altos coturnos para lhes aumentar a estatura.

Como todas as tragédias gregas, *Antígona* foi composta em versos. Adotei a forma poética apenas na parte lírica. Quanto aos diálogos, optei pela tradução em prosa, que tem a dupla vantagem de imprimir à fala dos personagens mais naturalidade e de permitir expressar com maior fidelidade e precisão o conteúdo do texto original.

A minha tradução se baseia no texto do helenista italiano P. Cesareo (*Antigone,* Torino, Chiantore,

1940) e no de M. Fr. Dübner (*Antigone*, Paris, Lecoffre, 1884). Excluí os versos 904 – 920, geralmente considerados espúrios, indignos de Sófocles e de sua heroína.

É com satisfação que entrego ao público a tradução, em língua portuguesa, desta bela criação dramatúrgica de Sófocles, uma obra-prima da literatura universal, cuja leitura proporciona, além do prazer estético, altos ensinamentos de ordem política e moral.

Domingos Paschoal Cegalla

Personagens do drama

ANTÍGONA, FILHA DE ÉDIPO E DE JOCASTA

ISMENE, IRMÃ DE ANTÍGONA

CREONTE, REI DE TEBAS, TIO DE ANTÍGONA, IRMÃO DE JOCASTA

EURÍDICE, RAINHA, ESPOSA DE CREONTE

HÊMON, FILHO DE CREONTE E NOIVO DE ANTÍGONA

TIRÉSIAS, ADIVINHO, VELHO E CEGO

GUARDA, SERVIÇAL DE CREONTE

MENSAGEIRO

PAJEM DO PALÁCIO REAL

CORO, GRUPO DE ANCIÃOS TEBANOS

CORIFEU, MESTRE DO CORO

Obs.: Antígona e Ismene moram com o tio, no palácio real.

Cenário

A ação se desenvolve na frente do palácio dos reis de Tebas. Inicia-se na manhã do dia seguinte à derrota dos argivos, que haviam atacado Tebas, na guerra dos Sete Chefes.

Estão em cena Antígona, que havia chegado do campo, e Ismene, sua irmã.

Prólogo

ANTÍGONA E ISMENE

ANTÍGONA

Ismene, minha irmã querida, conheces dentre as muitas desgraças oriundas de Édipo*, uma só que Zeus** não tenha descarregado sobre nós, que ainda estamos vivas? De fato, nenhuma aflição existe, nenhum infortúnio, degradação ou desprezo, que não faça parte da tua e da minha desgraçada vida. Que dizer desse decreto que, segundo dizem, Creonte acaba de promulgar para toda a cidade?

Tens conhecimento dele? Ouviste alguma coisa a respeito? Ou ignoras que sobrevieram para os nossos amigos castigos que só se infligem a inimigos?

**Édipo*. Rei lendário de Tebas. Sem saber, matou seu pai e desposou a própria mãe, Jocasta. Desse conúbio incestuoso nasceram Antígona, Ismene, Etéocles e Polinices. (*N. do T.*)

***Zeus*. Na mitologia grega, o deus supremo. *Júpiter*, para os romanos. (*N. do T.*)

ISMENE

A mim não chegou nenhuma notícia acerca dos amigos, nem boa nem má, desde a hora em que o destino nos arrebatou nossos dois irmãos, que no mesmo dia se entremataram.* Depois que, na noite passada, as tropas argivas** se retiraram, nada mais soube, nada que me tenha tornado mais feliz ou mais infeliz.

ANTÍGONA

Bem sabia eu que não estavas a par dos acontecimentos! Por isso foi que te chamei aqui, fora do palácio, a fim de que só tu me possas ouvir.

ISMENE

Mas o que há? Estás tão pensativa e inquieta, Antígona?

ANTÍGONA

Como posso estar tranquila se Creonte tratou com tão iníqua diferença nossos dois irmãos, conceden-

*Etéocles e Polinices entremataram-se na luta pelo poder. Etéocles recusou-se a ceder ao irmão o trono de Tebas, o que levou Polinices a se aliar a outros seis chefes de Argos, dando origem à guerra dos Sete Chefes, também chamada a guerra dos Sete contra Tebas. (*N. do T.*)
***Argivo.* Natural de Argos, cidade grega, no Peloponeso. (*N. do T.*)

do a um a honra da sepultura e ordenando que o outro fique insepulto? A Etéocles, como é justo e honroso aos mortos, deu-lhe solene sepultura. Quanto ao infeliz Polinices, ao contrário, dizem ter mandado proclamar que cidadão algum lhe sepulte o cadáver nem o lamente, mas que, sem lágrimas e sem cova, seja abandonado às aves de rapina, que do alto o espreitam como deleitoso pasto.

Essas horríveis coisas, dizem, publicou-as o bom Creonte contra ti e contra mim; contra mim também, repito. Dizem mais que ele virá aqui anunciar claramente essas determinações aos que as desconhecem, pois ele as leva muito a sério e comina àquele que as transgredir a pena de lapidação* perante o povo. Eis os fatos que não podes ignorar. Muito em breve irás mostrar se és filha bem-nascida ou filha indigna de nobres pais.

ISMENE

Mas, em tão duras circunstâncias, que valho eu para resolver alguma coisa, infeliz irmã?

*_Lapidação_. Apedrejamento. (_N. do T._)

ANTÍGONA

Vê se podes compartilhar os meus trabalhos e sofrimentos.

ISMENE

Em que empresa arriscada? Que tencionas fazer?

ANTÍGONA

Se podes ajudar estas mãos a carregar o cadáver de Polinices.

ISMENE

Pretendes sepultá-lo, mesmo contra a proibição de Creonte?

ANTÍGONA

Ainda que não queiras, sepultarei o meu e o teu estremecido irmão. Ninguém poderá acusar-me de o haver traído e covardemente abandonado.

ISMENE

Ó infeliz! Atreves-te a desacatar a proibição de Creonte?

ANTÍGONA

Creonte não tem o direito de me separar dos meus parentes.

ISMENE

Infeliz de mim! Pensa, Antígona, como nosso pai acabou, execrado e infame, tendo-se ferido os olhos com as próprias mãos por causa dos crimes que ele mesmo descobriu em si. Pensa como, em seguida, sua mãe e esposa – ela tinha duplo nome – pôs termo à própria vida num laço retorcido.* Pensa, finalmente, como nossos dois desventurados irmãos, no mesmo dia, se deram mutuamente a morte à mão armada, cumprindo um tristíssimo destino.

Hoje só restamos nós duas. Considera a morte cruel que nos aguarda, se, violando a lei, desafiarmos

---

*Ao saber que era esposa e também mãe de Édipo, Jocasta enforcou-se (*N. do T.*)

as ordens e o poder do rei. É preciso não esquecer, Antígona, que somos mulheres e que, portanto, não podemos lutar contra os homens. Por isso, já que somos governadas pelos que são mais fortes do que nós, cumpre-nos acatar não só as ordens recém-ditadas, mas também outras ainda mais duras do que essas. Eu, portanto, pedirei aos mortos que me perdoem, pois é sob coação que me omito, e obedecerei, forçada, aos governantes. Querer realizar coisas acima do nosso alcance é insensatez, é loucura.

ANTÍGONA

Eu não mais te exortarei a fazer o que te peço, nem gostaria que me ajudasses, ainda quando o fizesses com prazer. Pensa e faze como quiseres, que o nosso irmão, eu mesma o sepultarei. Será belo para mim morrer cumprindo esse dever sagrado. Por ter cometido um santo delito, jazerei ao lado dele, a amiga junto do amigo.

O tempo em que deverei agradar aos mortos é mais longo do que aquele em que devo agradar aos vivos, pois sob a terra hei de repousar eternamente. Tu, se assim preferes, despreza as leis que os deuses tanto estimam.

ISMENE

Eu não desprezo as leis dos deuses, mas sinto-me impotente para agir contra a prepotência dos homens.

ANTÍGONA

Podes ficar aí, invocando pretextos; quanto a mim, apresso-me em dar sepultura ao meu irmão muito amado.

ISMENE

Ah, infeliz! Temo por ti.

ANTÍGONA

Não temas por mim. Cuida, antes, do teu destino.

ISMENE

Mas, pelo menos, não reveles a ninguém o teu intento. Executa-o secretamente, que eu também guardarei absoluto silêncio.

ANTÍGONA

Nada de silêncio! Anuncia abertamente o meu plano. Se o calares, se não o anunciares a todos, meu ódio por ti será maior ainda.

ISMENE

Tu te inflamas falando de coisas que me fazem gelar de pavor.

ANTÍGONA

Mas sei que, assim agindo, agrado aos que mais o merecem.

ISMENE

Sim, se isso te for possível; mas estás buscando o impossível.

ANTÍGONA

Só desistirei quando as forças me abandonarem.

ISMENE

Em nenhum caso se devem buscar coisas irrealizáveis.

ANTÍGONA

Tuas palavras acirram o meu ódio e podem também valer-te o justo ódio de nosso extinto irmão. Deixa-me sofrer com meu louco intento a terrível punição, que espero não será tão grande que me impeça de morrer com glória.

ISMENE

Se julgas que deves ir, vai. Parte, porém, convencida de seres uma insensata, se bem que fiel amiga dos teus amigos.

Antígona retira-se para realizar seu plano. Ismene entra no palácio. Na orquestra (espaço central do teatro, destinado às danças, aos músicos e ao Coro) entram os componentes do Coro, constituído de anciãos tebanos, e cantam solenemente o párodo, saudando a luz do sol matinal.

Párodo

(Canto de entrada do Coro)

CORO

1ª estrofe

Brilhaste, enfim, ó luz do sol nascente,*
a mais bela e risonha luz que já brilhou
sobre a gloriosa Tebas, a de sete portas!**
Abriste, finalmente, a tua pálpebra,
fulgente olho do dia,
e deslizando mansa e progressivamente
sobre as águas do Dirce***,
aceleraste a fuga dos argivos,
de luzentes escudos e armaduras,
que no tumulto da corrida estrepitavam.

---

*O Coro rejubila-se com a chegada do dia, após uma noite de lutas, que terminaram com a vitória dos tebanos contra os argivos, aliados de Polinices. (*N. do T.*)

***Tebas*. Importante cidade da Grécia, palco das lendas de Édipo e da guerra dos Sete Chefes. Era cercada de muralhas e nela se entrava por sete portas. (*N. do T.*)

****Dirce*. Pequeno rio nas imediações de Tebas. (*N. do T.*)

1ª antístrofe

Por causa de disputas, Polinices,
sublevando-se contra a nossa pátria,
lançou contra este solo o exército de Argos,
que sobre Tebas se atirou vociferante,
qual águia de asas brancas como a neve*
soltando horríveis pios e grasnidos.
Com porte marcial e bem-armados,
elmo, couraça e escudo a protegê-los,
os guerreiros argivos ostentavam,
nos capacetes, crinas de cavalos
e alvos penachos flutuando ao vento.

2ª estrofe

Ergueu-se o monstro, de goela escancarada,
contra os lares da gloriosa Tebas.
Em vão, com lanças ávidas de morte,
rondou, rugindo, a entrada inconquistável.
Bateu em retirada, sem fartar-se
do nosso sangue e sem que as resinosas
tochas de Hefesto** o fogo transmitissem

**Asas brancas como a neve.* Alusão aos penachos brancos que encimavam os capacetes dos soldados argivos. (*N. do T.*)

***Hefesto.* Na mitologia grega, o deus do fogo. É o Vulcano dos romanos. (*N. do T.*)

à coroa de torres da cidade,
tão furioso e fulminante foi
o ataque de Ares*, pela retaguarda
dos inimigos do dragão tebano**.

2ª antístrofe

Zeus, que abomina a empáfia e a vaidade
das línguas arrogantes, presunçosas,
ao ver a tropa argiva aproximar-se,
numa enorme torrente impetuosa,
e a soberba que bem transparecia
no estrépito das armas reluzentes,
arroja-lhe seu raio coruscante
contra ela, que já se preparava
para soltar o grito de vitória
do alto das muralhas da cidade.

3ª estrofe

Tombou no chão, num baque retumbante,
na mão a tocha ardente, fulminado,
aquele que, há pouco, num frenético

**Ares*. O deus da guerra. Corresponde ao deus Marte dos romanos. (*N. do T.*)

***Dragão tebano*. Alusão à lenda, segundo a qual os primeiros habitantes de Tebas teriam nascido dos dentes de um dragão, morto por Cadmo, fundador da cidade. *Dragão tebano* equivale, portanto, a *Tebas*. (*N. do T.*)

impulso de furor, nos atacou,
impetuoso, respirando ódio.
Mas, no confronto, aconteceram fatos
diversos, pois o impetuoso Ares
distribuiu diferentemente
as sortes entre uns e outros chefes.

3ª antístrofe

Diante das sete portas se encontravam
os sete chefes, em bravura iguais,
que suas brônzeas armas entregaram,
como troféu, a Zeus triunfador,
exceto dois tebanos* infelizes,
filhos do mesmo pai, da mesma mãe,
que um contra o outro levantando as lanças,
em luta fratricida se mataram.

4ª estrofe

Mas visto que a ínclita Vitória**
chegou e rejubila-se com Tebas,
cidade poderosa e rica em carros,
os recentes combates esqueçamos

**Dois tebanos.* Polinices e Etéocles. (*N. do T.*)

***Vitória.* A Vitória personificada (*Nike,* em grego), por isso com inicial maiúscula. (*N. do T.*)

e visitemos já todos os templos
dos deuses, exaltando-os com danças
que se prolonguem pela noite afora.
Que Baco*, estremecendo o chão de Tebas,
comande as nossas danças noturnas!

CORIFEU

Mas eis que vem chegando o novo rei.**
Creonte, soberano desta terra,
posto no trono por obra dos deuses
e dos recentes acontecimentos.
Que secretos desígnios estará
cogitando o monarca, pois, há pouco,
nos convocou a todos nós, anciãos,
para esta assembleia extraordinária?

Entra em cena o rei Creonte, acompanhado de dois pajens.

**Baco*. Deus do vinho. Denominado também Dioniso. Conduzia alegres e frenéticos cortejos de sátiros e bacantes. (*N. do T.*)

**Logo após a morte de Etéocles e Polinices, assumiu o poder real Creonte, tio de Antígona. (*N. do T.*)

Primeiro episódio

1
Creonte, o Guarda e o Coro

CREONTE

Senhores, os deuses agitaram com tormentosas vagas a nau do Estado, mas de novo a puseram no rumo certo. Preferindo-vos dentre todos os demais cidadãos, eu vos convoquei, por meio de emissários, primeiramente, porque sei que sempre respeitastes a autoridade real de Laio*, em segundo lugar, porque no tempo em que Édipo soerguia a cidade, vós lhe fostes sempre fiéis e, mesmo depois de sua morte, continuastes a devotar constante fidelidade aos filhos dele.

Agora, visto que dois deles, entreferindo-se com mão criminosa e contaminadora, pereceram no mesmo dia, por comum e fatal destino, cabe a mim todo o poder e também o trono, conforme o direito que me assiste como parente próximo dos extintos.

**Laio*. Rei de Tebas e pai de Édipo. (*N. do T.*)

Não é possível conhecer a alma, a índole e as ideias de um homem, antes que ele as manifeste no exercício do poder e na elaboração das leis. Por isso, a mim sempre me pareceu péssimo chefe de uma cidade o governante que não segue os mais prudentes conselhos e, por medo, mantém-se calado. Também não tenho a menor estima por aquele que prefere os seus amigos à sua pátria. Eu, portanto – seja testemunha do que digo Zeus onividente –, não poderei ficar mudo diante da calamidade que veio afligir os cidadãos, nem acolherei jamais como amigo um inimigo da pátria, convencido como estou de que esta é a que salva e de que as verdadeiras amizades florescem só quando a barca da pátria navega com prósperos ventos.

À luz desses princípios é que trabalharei pelo engrandecimento da pátria, e pauta-se por eles a ordem que acabo de expedir, para todos os cidadãos, a respeito dos filhos de Édipo: a Etéocles, que morreu como um forte, em defesa de Tebas, seja dada a sepultura com todos os ritos fúnebres que se devem aos mortos ilustres. Ao contrário, quanto a seu irmão, Polinices, que, voltando do exílio, quis incendiar completamente a terra e os templos dos deuses pátrios, saciar sua vingança no sangue dos concidadãos e reduzir a escravos os sobreviventes, quanto a esse, repito, mandei proclamar para toda a cidade que ninguém lhe faça honras fúnebres nem o chore, mas que fique insepulto, com o cadáver dilacerado para pasto das aves e dos cães.

Esta é a minha maneira de pensar: no que depender de mim, jamais os maus serão melhor tratados que os bons. Somente aquele que amar esta cidade será honrado por mim, tanto em vida como depois da morte.

CORO

A ti apraz fazer tais coisas, Creonte:
punir os que malquerem à cidade
e honrar os que sinceramente a amam.
De certo modo,* tens todo o poder
de impor as leis do teu real agrado,
atinentes aos mortos como aos vivos.

**De certo modo.* Com esta expressão, o Coro dá a entender, sutilmente, que não concorda em tudo com as ideias de Creonte, de modo particular com o preceito legal, que fere uma lei que está acima das leis humanas. (*N. do T.*)

CREONTE

Sede, pois, os observadores e fiscalizadores do cumprimento de minhas ordens.

CORO

Para tão pesado encargo,
escolhe, de preferência,
um mais jovem do que nós.

CREONTE

Já há guardas a postos para vigiar o cadáver.

CORO

Qual é, então, a tua ordem para os outros?

CREONTE

Não permitir que minha ordem seja desobedecida.

CORO

Quem é tão louco que deseje a morte?

CREONTE

Esta é, por certo, a paga. Mas a esperança do lucro leva, muitas vezes, os homens à perdição.

Chega um guarda, ofegante e temeroso.

GUARDA

Senhor, devo dizer-te que não foi por causa de ter corrido que estou chegando aqui esbaforido. Por via da incerteza, parei muitas vezes e, dando meia-volta, arrepiava caminho. Muitas coisas me dizia o coração: "Infeliz!", dizia-me. "Por que correr? Lá chegando, serás punido. Coitado! Ficas parado, esperando o quê? E se Creonte vier a saber de alguém o que fizeste, como não haverás de chorar?"

Revolvendo na mente essas ideias, vim andando devagar, de maneira que o caminho curto se tornou longo. Enfim, venceu a resolução de apresentar-me a ti para te... Embora não diga nada, vou falar assim mesmo, agarrado à esperança de não sofrer nenhuma punição, a não ser aquilo que estiver determinado pelo destino.

CREONTE

Que há? Por que essa hesitação?

GUARDA

Quero primeiro dizer-te o que particularmente me diz respeito: não fui eu quem fez aquilo, nem vi quem o fez. E não seria justo que eu fosse punido por uma coisa que não fiz.

CREONTE

Tens boa mira e sabes premunir-te depois que fazes das tuas. Teus rodeios estão a me dizer que algo de novo aconteceu.

GUARDA

É natural que se hesite antes de dar notícias más.

CREONTE

Afinal, não te resolves a falar? Dize o que ocorreu, e vai embora.

GUARDA

Pois bem, eu te conto. Alguém, há pouco, enterrou o cadáver; cobriu-o com terra seca, fez sobre ele o ritual de costume e retirou-se.

CREONTE

Que dizes? Qual foi o homem que teve esse atrevimento?

GUARDA

Não sei. Lá não se notou vestígio algum, nem de pá nem de enxada. A terra estava lisa, o solo sem fendas nem sulcos de rodas. E é muito de ver que o autor não tenha deixado pistas. Quando a aurora rompia no oriente, hora em que é escalada a primeira sentinela do dia, estávamos em presença de um fato estranho e desagradável: não se via o morto, mas não estava sepultado; cobria-o uma fina camada de pó, ato religioso de alguém que quis evitar uma impiedade.* No chão não se via nenhuma pista de fera ou de cão que pudesse ter vindo dilacerar o cadáver.

Então os guardas, com grande alarido, começaram a acusar-se uns aos outros. E teriam certamente se atracado, se não houvesse quem os impedisse. Cada um de nós suspeitava dos outros, mas não havia prova certa contra ninguém.

Cada qual afirmava não saber de nada e dizia-se inocente. Estávamos prontos a levantar um ferro em brasa com as mãos, a atravessar o fogo, a jurar pelos deuses, para provar que aquilo não tinha sido obra nossa e nem sabíamos quem a executara. Por fim, como não havia mais nada a investigar, um de nós tomou a palavra, obrigando-nos todos a baixar a cabeça, de medo, pois não sabíamos o que lhe responder, já que nosso desempenho não fora louvável. Disse que o fato não devia ser ocultado, mas levado ao conhecimento do rei. A sugestão dele foi aceita e, por sorteio, o esplêndido prêmio coube a

*Considerava-se impiedade não enterrar o corpo de um morto ou, pelo menos, não o cobrir com um pouco de terra, porque, não o fazendo, privava-se a alma dele de entrar no Elíseo, morada dos justos. (*N. do T.*)

este infeliz. Aqui estou, contra meu gosto e contra o teu, pois ninguém gosta de mensageiros de más notícias.

CORIFEU

Há muito tempo, ó rei, que me pergunto
se tudo isso não se deve aos deuses.

CREONTE

Cala-te, antes que também tu me irrites! Queres passar por velho e insensato? É intolerável o que dizes. Os deuses velarem o cadáver de um ímpio? Acaso é admissível que os deuses deem sepultura, como a honrado benfeitor, àquele que veio incendiar-lhes os templos com seus tesouros sagrados e destruir-lhes a terra e as leis? Onde já se viu os deuses honrarem os maus? Isso não é possível!

Desde muito que certos cidadãos, descontentes, meneando a cabeça às ocultas, murmuravam contra mim e relutavam em submeter a cerviz ao meu jugo, como era do meu agrado e do meu direito. Agora estou convicto de que os guardas foram subornados por eles para executarem a obra. Entre os homens, nada há como o dinheiro para gerar os maus costumes. Ele devasta as cidades e expulsa os homens de seus lares. Corrompe até o coração dos bons e ensina-lhes práticas torpes. O dinheiro induz os homens ao crime e estila-lhes na alma toda sorte de impiedades.

O rei volta-se para o guarda.

Todos os mercenários que executaram o plano terão algum dia a sua paga. Se Zeus ainda acolhe a minha veneração, guarda bem isto, falo-te com juramento: se tu e teus cúmplices não achardes e se não trouxerdes à minha presença o autor desse sepultamento, não escapareis da morte antes de, enforcados vivos, me confessardes a ousadia. Sabereis, no futuro, onde se podem auferir proveitos, e aprendereis, uma vez por todas, que não é lícito buscar vantagens a qualquer preço.

Espero que entendas que a ganância tem causado aos homens mais desgraças do que alegrias.

GUARDA

Permitirás que eu fale ou devo retirar-me?

CREONTE

És tão pouco inteligente que me vens com perguntas irritantes?

GUARDA

Magoei-te os ouvidos ou a alma?

CREONTE

Acaso queres compassar as minhas dores, perguntando onde elas estão?

GUARDA

O malfeitor te feriu a alma, enquanto eu te magoei apenas os ouvidos.

CREONTE

Oh! Que grandessíssimo tagarela nasceste!

GUARDA

Sim, mas não fui eu quem fez aquilo. Isso nunca!

CREONTE

E, além disso, vendeste a alma por dinheiro.

GUARDA

Ah! Como é duro ter de lidar com quem suspeita, sobretudo quando suspeita coisas falsas!

CREONTE

Podes fazer frases bonitas com as minhas suspeitas. Se tu e teus colegas não me trouxerdes os autores do crime, havereis de proclamar bem alto que o lucro sórdido só causa desgraças.

Ditas essas palavras, Creonte retira-se e entra no palácio.

GUARDA

Que se procure, sim, o culpado. Mas, seja ele preso ou não – o destino é que decidirá –, tu não me verás mais aqui.* Por ora, após ter escapado desta com vida, contra toda a esperança, sou muito reconhecido aos deuses.

O guarda retira-se apressadamente.

CORO

1ª estrofe

Maravilhas sem conta há neste mundo,
mas a maior de todas é o homem.
Ele transpõe os espumosos mares,
ao sopro do tempestuoso noto**,
cortando as vagas que ao redor lhe rugem.
Amanhã, ano após ano, a inesgotável
Terra imortal, dos deuses mãe suprema,
sulcando-a, revolvendo-a com arados,
que os mulos puxam, num vaivém moroso.

**Tu não me verás mais aqui.* Essas palavras, proferidas em voz baixa e com raiva, são endereçadas a Creonte, já distante, entrando no palácio. (*N. do T.*)

***Noto.* Vento que sopra do sul, trazendo a chuva. (*N. do T.*)

1ª antístrofe

Com laços e armadilhas aprisiona
os animais selvagens e os voláteis;
captura em suas redes bem-tecidas
os peixes e outros seres submarinos.
Homem habilidoso e criativo!
Ele domina com seus apetrechos
os animais dos campos e dos montes,
submete ao jugo o indômito cavalo
de bastas crinas e o robusto touro,
que nos montes ostenta o seu vigor.

2ª estrofe

Ele aprendeu a fala, os pensamentos
alados, bem mais rápidos que o vento,
e as leis da convivência social.
Das duras intempéries se defende,
prudente, se protege contra as setas
dos gelos e das chuvas fustigantes.
É prevenido e fecundo em recursos,
o inesperado sempre o encontra alerta.
Só não tem meios para fugir da morte,
porém não cansa de buscar remédios
que desbaratem males incuráveis.

2ª antístrofe

Dotado, além do que esperar se possa,
de talento inventivo e criador,
às vezes busca o mal, outras, o bem.
Se ele respeita e cumpre as leis da pátria
e se obedece às normas da justiça,
que jurou, pelos deuses, acatar,
conquista a honra e a glória em sua terra.
Quando, ao invés, levado pela audácia,
pactua com a desonestidade,
então, é um sem-pátria, não faz jus
ao nome singular de cidadão.
Jamais tal homem no meu lar se assente.
Que fique longe dos meus pensamentos.

*Ao ver o guarda trazendo Antígona amarrada,
o Coro exprime o seu pasmo e faz uma
série de indagações.*

Estou pasmado, atônito, perplexo
ante este fato prodigioso, incrível.
Como negar, se a vejo, que é Antígona
a jovem que ora está se aproximando?
Ah! Infeliz, mil vezes infeliz

filha de Édipo, pai desventurado!
O que houve? Acaso desobedeceste
às determinações do nosso rei?
Trazem-te porque foste surpreendida
a cometer tal ato de loucura?

Segundo episódio

1
Creonte, o Corifeu, o Guarda, Antígona e Ismene

Entra o guarda trazendo Antígona amarrada.

GUARDA

Aqui está aquela que fez a obra. Flagramo-la a sepultar o morto. Mas onde está Creonte?

Entra Creonte, vindo do palácio.

CORIFEU

Ei-lo que sai, em boa hora, do palácio.

CREONTE

Que está acontecendo? Por que em boa hora?

GUARDA

Senhor, não existe nada que os homens possam jurar não fazer, pois a reflexão mostra o que nossas resoluções têm de errado. Depois que me atormentaste com aquelas tuas ameaças, prometi a mim mesmo nunca mais voltar aqui. Mas, como as alegrias são mais intensas quando não as esperamos, descumpri minha promessa e retornei para trazer esta donzela, que foi surpreendida a cumprir fúnebres ofícios. Desta vez, não houve sorteio. Esta que trago é um feliz achado meu, de mais ninguém. E agora, senhor, toma tu mesmo a ré, interroga-a, julga-a e decide como quiseres. Quanto a mim, é justo que fique livre desses apertos todos.

CREONTE

Em que lugar e como a surpreendeste?

GUARDA

Ela estava sepultando o homem: eis tudo.

CREONTE

Compreendes bem, é mesmo verdade o que estás dizendo? Acaso não estás enganado?

GUARDA

Eu a vi, com estes olhos, sepultando o cadáver que proibiste sepultar. Será que me exprimi agora com clareza e limpidez?

CREONTE

E como foi vista e surpreendida em flagrante?

GUARDA

O caso foi assim. Logo que voltamos, levando nos ouvidos aquelas tuas ameaças, limpamos todo o pó que encobria o cadáver, despimos com cuidado o corpo já em decomposição e, afastando-nos a correr, fomos sentar no alto de uma colina, ao abrigo das exalações fétidas. Quando algum de nós se descuidava de vigiar o cadáver, os outros o incitavam com xingamentos a ficar atento. E assim permanecemos até que o círculo brilhante do sol alcançou o centro do céu. O calor era intenso.

Eis que, de repente, um furioso furacão, soprando da terra e trazendo a tempestade – celeste convulsão –, varreu toda a planície, violentando as frondes das árvores. O grande espaço celeste escureceu. Nós, de olhos fechados, aguentamos o açoite dos deuses.

Depois que a tormenta se dissipou, vimos esta jovem lamentar-se como a ave aflita que desfere tristes pios quando encontra o ninho vazio, sem filhotes. Assim que ela viu o corpo descoberto, dando grandes gemidos, proferiu terríveis maldições contra os sacrílegos autores daquela obra. E apressou-se em derramar terra seca sobre o cadáver; em seguida, erguendo um vaso de bronze bem-lavrado e entornando-o, fez sobre o morto tríplice libação.

Vendo isso, corremos para ela e a prendemos prontamente, mas sem feri-la. Acusamo-la do que fizera antes e do que acabara de fazer. Ela nada negou.

A mim isso ao mesmo tempo alegra e entristece. Alegra-me porque me livrou do castigo que me ameaçava. Entristece-me porque estou conduzindo meus amigos para o sofrimento. Mas, afinal, tudo isso é para mim menos importante que a minha própria salvação.

CREONTE

(Dirigindo-se a Antígona.) Pergunto a ti, que estás de cabeça baixa: foste ou não foste tu quem fez aquilo?

ANTÍGONA

Não o nego. Fui eu mesma.

CREONTE

(Dirigindo-se ao guarda.) Podes ir para onde quiseres, livre e aliviado da grave acusação.

Sai o guarda. Creonte dirige-se a Antígona.

Responde sem rodeios e em poucas palavras: sabias que eu publiquei um aviso proibindo o que acabas de fazer?

ANTÍGONA

Sabia. Por que não? A ordem era clara.

CREONTE

Portanto, ousaste transgredir esta lei?

ANTÍGONA

Não foram, decerto, Zeus nem aquela que tem seu assento entre as divindades protetoras dos mortos, a Justiça, os que promulgaram e prescreveram tais leis aos homens. Eu não creio que teus decretos, escritos pela mão de um mortal, possam ser superiores às leis não escritas e imutáveis dos deuses. Elas não são de hoje nem de ontem, mas são eternas, vigoram em todos os tempos e ninguém sabe quando nasceram. Eu estava convicta de que não devia, por temor da arrogância de um homem, transgredir essas leis e ser castigada pelos deuses. De sobra sabia eu que deveria morrer (como não?), mesmo quando não publicasses a tua ordem. Aliás, considero um bem, um lucro morrer prematuramente. Qual é aquele que, levando, como eu, vida muito atribulada, não tira proveito em morrer? Por isso, uma vez que a morte é meu destino, pouco se me dá do sofrimento. Se eu tivesse tolerado que o cadáver do filho de minha mãe ficasse insepulto, isso sim me atormentaria; mas, ao invés, o ter-lhe dado sepultura não me dói nem me aflige. Se, portanto, o que fiz te parece loucura e insensatez, é bem possível que esse erro parta da boca de um louco.

CORIFEU

Indômita se mostra a índole da jovem,
espelho claro e fiel da rigidez do pai:
não cede, não se dobra diante do infortúnio.

CREONTE

(Dirigindo-se a Antígona.) Mas fica tu sabendo que a tua obstinada soberba no fim há de dobrar-se. Também o duríssimo ferro, quando tratado a fogo, se torna frágil e quebradiço. Aprendi que cavalos fogosos se domam com freio curto. Não deve mostrar-se arrogante aquele que é escravo dos que o cercam.

(Dirigindo-se ao Coro.) Foi com inteira consciência de estar cometendo um ato insolente que ela transgrediu as leis que estabeleci. É insolência, é descaramento cometer um delito e depois vangloriar-se e alegrar-se de tê-lo feito. No dia em que esta mulher tripudiar impunemente sobre mim, eu deixarei de ser homem e ela tornar-se-á homem. Embora seja

filha de minha irmã e a mais próxima, pelo sangue, de todos os parentes da minha família, nem ela nem sua irmã escaparão de tristíssimo destino.

(Dirigindo-se aos criados para que chamem Ismene.) Chamai-a aqui, pois acabo de vê-la dentro do palácio, a exasperar-se, fora de si. A alma dos que tramam na sombra alguma negra ação já os está denunciando antes de perpetrarem o crime. Detesto pessoas que, ao serem pilhadas a fazer o mal, procuram disfarçá-lo com o bonito nome da virtude.

ANTÍGONA

Queres fazer alguma coisa pior do que prender-me e matar-me?

CREONTE

Nada mais quero. Fazendo isso, terei feito o que desejo.

ANTÍGONA

Por que demoras, então, a realizar o teu desejo? Em tuas palavras nada há – e jamais haja! – que me possa agradar, assim como nas minhas, naturalmente, só encontrarás motivo para me odiar. Poderia eu realizar ato mais glorioso do que dar sepultura a meu irmão? Se o temor não lhes fechasse a boca, todos estes cidadãos haveriam de aprovar o meu gesto a altas vozes. Mas a tirania desfruta, entre muitas outras vantagens, a de fazer e dizer o que lhe apraz.

CREONTE

Dos descendentes de Cadmo és a única que pensa assim.

ANTÍGONA

Também eles pensam assim. Diante de ti, porém, fecham a boca, de medo.

CREONTE

E tu, não te envergonhas de pensar diferentemente deles?

ANTÍGONA

Honrar os irmãos não é e nunca foi ação vergonhosa.

CREONTE

Acaso não é também teu irmão o que pereceu lutando contra ele?

ANTÍGONA

Irmão nascido da mesma mãe e do mesmo pai.

CREONTE

Como então podes tributar àquele honras fúnebres que para Etéocles são ímpias?

ANTÍGONA

Etéocles não confirmaria o que tu dizes.

CREONTE

Claro que confirmaria, pois honras um ímpio, o que para ele é uma afronta.

ANTÍGONA

Ele não morreu como escravo, mas como irmão de Etéocles.

CREONTE

Devastando a terra pátria, e o irmão, enfrentando-o para a salvar.

ANTÍGONA

Hades*, contudo, exige leis iguais para todos.

CREONTE

Mas os bons não terão, certamente, a mesma sorte, o mesmo tratamento dispensado aos maus.

**Hades*. Deus dos infernos, isto é, da morada dos mortos, na mitologia grega. Antígona quis dizer que os mortos têm os seus direitos, pois a morte iguala a todos. (*N. do T.*)

ANTÍGONA

Quem sabe se lá embaixo, na morada dos mortos, não se tem a minha ação na conta de pura e santa?

CREONTE

Um inimigo não pode ser considerado amigo nem depois de morto.

ANTÍGONA

Eu não nasci para odiar, mas para amar.

CREONTE

Se nasceste para amar, vai agora amar os teus irmãos debaixo da terra, que eu, enquanto for vivo, não me deixarei governar por mulheres.

Chorando muito, Ismene sai do palácio acompanhada de dois criados.

CORO

Olhai, está saindo do palácio Ismene,
chorando lágrimas de amor fraterno, em curso.
O doloroso pranto lhe anuvia os olhos,
e, ao lhe banhar a linda face enrubescida,
maltrata-lhe a beleza do rosado rosto.

CREONTE

(Dirigindo-se a Ismene.) E tu, que rastejavas sorrateiramente, como uma víbora, debaixo do meu teto, sugando-me o sangue sem que eu percebesse e sem saber que estava alimentando duas calamidades e a revolta contra o meu trono, vamos, dize-me: confessas teres também tu participado do sepultamento ou juras que não?

ISMENE

Fiz o serviço fúnebre e, se minha irmã estiver de acordo, estou pronta a partilhar e sofrer com ela as consequências.

ANTÍGONA

Mas a justiça, por certo, não permitirá tal, porque não quiseste cooperar na minha iniciativa nem eu consenti que cooperasses.

ISMENE

Não o nego, mas nesse mar de desgraças que atravessas não me envergonho de ser tua companheira no sofrimento.

ANTÍGONA

Hades e os mortos sabem quem executou a obra. Eu não gosto de amigas que só amam com palavras.

ISMENE

Irmã, não me julgues indigna de morrer contigo e de render honras a nosso irmão morto.

ANTÍGONA

Não queiras morrer comigo, nem te arrogues o que não fizeste. Para morrer basto eu.

ISMENE

Mas que farei da minha vida, sem ti?

ANTÍGONA

Pergunta a Creonte, de quem és a defensora.

ISMENE

Por que me magoas sem necessidade?

ANTÍGONA

Zombo de ti, mas é antes com dor que o faço.

ISMENE

Agora, pelo menos, em que te posso ser útil?

ANTÍGONA

Salva-te a ti mesma. Não te invejo a sorte de escapares de morrer.

ISMENE

Infeliz de mim! Então não partilharei o teu destino?

ANTÍGONA

Não, porque preferiste viver e eu preferi morrer.

ISMENE

Não, porém, no segredo do meu coração, que este comparticipava dos teus sentimentos.

ANTÍGONA

Tu julgavas acertado o teu alvitre, eu, ao contrário, achava o meu melhor.

ISMENE

Contudo, a desobediência é igualmente de nós duas.

ANTÍGONA

Tem ânimo! Tu vives, eu, porém, a minha alma há tempo que morreu para poder servir os mortos.

CREONTE

(Dirigindo-se ao Coro.) Asseguro-te que uma delas ficou louca há pouco e que a outra é louca desde o dia em que nasceu.

ISMENE

A razão, rei, dissipa-se quando estamos infelizes, e isso acontece mesmo com os que nasceram com ela.

CREONTE

Tu decerto a perdeste quando preferiste aliar-te aos maus para praticar o mal.

ISMENE

Como poderei suportar a vida sem esta?

CREONTE

Não digas “esta”: ela já não existe.

ISMENE

Então vais matar a noiva de teu filho?

CREONTE

Fecundos também são os seios de outras.

ISMENE

Sim, mas não há esposa que convenha a Hêmon tão bem como esta.

CREONTE

Detesto, para meus filhos, mulheres más.

ISMENE

Como teu pai te insulta, querido Hêmon!

CREONTE

Estás me aborrecendo com esses himeneus.

CORIFEU

Vais mesmo, ó rei, matar a noiva de teu filho?

CREONTE

Hades é que vai impedir esse consórcio e livrar-me dele.

CORIFEU

Parece decidido que ela irá morrer.

CREONTE

Fato decidido por ti e por mim. Não haja mais delongas. Levai-as para dentro, servos. Doravante é preciso que estas mulheres vivam como mulheres e não andem em liberdade, pois até os mais intrépidos fogem, quando veem a morte aproximar-se.

Os guardas levam Antígona e Ismene para o interior do palácio. Creonte permanece em cena, conturbado e pensativo.

CORO

1ª estrofe

Ditosos são aqueles cuja vida
jamais provou o amargo sofrimento.
A casa* sacudida pelos deuses
de nenhuma desgraça se liberta:
nela aninha-se o mal e prolifera,
voraz, de geração em geração.
Na família que os deuses acometem
ocorre o que se dá nos trácios mares,**
quando adversos ventos furiosos
agitam as sombrias profundezas
do abismo undoso: então a efervescência

**Casa.* Família. (*N. do T.*)
***Trácios mares.* Mares da Trácia, antiga região banhada pelo mar Egeu. No século XX foi desmembrada e dividida entre Grécia, Bulgária e Turquia. (*N. do T.*)

do mar intumescido tumultua,
revolve e traz à tona a negra areia,
e os rochedos, batidos pelas vagas,
rebramem, lamentosos, pelas praias,
unindo a própria voz à voz do vento.

1ª antístrofe

Sobre os antigos males dos Labdácidas*
vejo caírem novos infortúnios:
as gerações mais novas não resgatam
os males das antigas, algum deus
as fustiga e as desgraças não têm fim.
A última esperança que hoje brilha
é a última estirpe do rei Édipo,**
mas vai, por sua vez, ceifá-la a foice
sanguinosa dos deuses infernais,
unida à louca insensatez da língua***
e à fúria a transbordar dos corações.****

**Labdácidas.* Os descendentes de Lábdaco, rei de Tebas, pai de Laio e avô de Édipo. (*N. do T.*)

***A última estirpe do rei Édipo.* Antígona. (*N. do T.*)

***Com este verso faz-se referência à discussão de Antígona com Creonte. (*N. do T.*)

****Velada condenação das odiosas decisões do inexorável rei Creonte. (*N. do T.*)

2ª estrofe

Qual o homem soberbo, ó Zeus, capaz
de limitar o teu poder supremo?
Nem o sono o domina, nem o eterno
movimento dos anos o subjuga.
Imune ao tempo, eternamente jovem,
tu reinas como soberano único
no deslumbrante resplendor do Olimpo*.
A lei que no passado vigorou
e no futuro há de viger é esta:
na vida humana, tudo o que exorbita
tem como companheiras as desgraças.

2ª antístrofe

A sedutora, a cálida esperança
é para muitos incentivo, ajuda,
mas para outros puro engano,
ilusão de desejos insensatos.
Pouco a pouco insinua-se no crédulo
até que o pé alcance o fogo ardente.**

**Olimpo*. Monte da Grécia, morada dos deuses, segundo os gregos antigos. (*N. do T.*)

**Em outras palavras: até que o ingênuo pise na brasa escondida sob as cinzas da ilusão, isto é, se sinta frustrado por ter esperado em vão o que desejava. (*N. do T.*)

Sábia e certa é a célebre sentença
de autor desconhecido: “Cedo ou tarde,
o mal parecerá um bem àquele
a quem um deus levar à perdição.”
Será feliz por muito pouco tempo.*

Hêmon, muito triste, vem se aproximando.

Mas, eis, senhor, que vem chegando Hêmon,
o mais jovem dos filhos teus. Ó céus!
Será que está amargurado e triste
com a sorte fatal de sua noiva,
Antígona, e contrariado, aflito,
devido aos malogrados himeneus**?

---

*Observe-se que o fatalismo, traço da tragédia grega, é uma filosofia falsa, porque o homem é livre para escolher entre o bem e o mal. (*N. do T.*)
***Malogrados himeneus.* Casamento frustrado, núpcias fracassadas. (*N. do T.*)

Terceiro episódio

1
Creonte, Hêmon e o Coro

CREONTE

Já o saberemos melhor que por meio de adivinhos. Filho, porventura estás enfurecido contra teu pai por causa da sentença irrevogável proferida contra a tua noiva? Ou continuas meu amigo, em qualquer circunstância?

HÊMON

Pai, eu sou teu. Orienta-me com teus bons conselhos, que eu os seguirei. Para mim não há casamento que possa prevalecer sobre a tua esclarecida orientação.

Assim, pois, filho, importa gravar isto no peito: tudo é postergado aos conselhos paternos. Os pais desejam ter em casa filhos obedientes, que retribuam o mal ao inimigo e que honrem ao amigo como o pai o honra. Aquele que concebe filhos imprestáveis que outra coisa estaria engendrando, senão trabalhos para si próprio e muitos escárnios de seus inimigos?

Por isso, meu filho, não deixes que, por causa de uma mulher, a paixão te repulse a razão, pois, muito bem o sabes, é frio o amplexo de uma mulher perversa. Pode haver pior ferida do que uma esposa má?

Despreza, aborrece essa moça como a uma inimiga, manda-a casar-se com algum habitante de Hades. Uma vez que a surpreendi em formal desobediência, ela só contra toda a cidade, eu não posso mentir aos meus súditos, mas vou mandá-la matar. Depois disso, ela pode entoar um hino de louvor a Zeus, protetor das famílias!

Se eu alimentar a desordem dentro da minha família, haverei, com isso, de a alimentar mais ainda entre as de fora. O homem que for reto para com os parentes será também considerado justo pela sua cidade. Quem, ao contrário, desobedece às leis e as violenta, pretendendo dar ordens aos que são depositários da autoridade, esse jamais terá o meu elogio.

Os cidadãos devem acatar as ordens de quem escolheram para ser o seu rei, nas coisas pequenas como nas grandes, nas justas e nas que lhes são opostas.

Estou convicto de que o homem que sabe obedecer sabe também mandar com sabedoria. Mesmo no mais aceso combate, ele haverá de permanecer leal e denodado companheiro de luta. Não há maior mal do que a insubordinação. Ela é a ruína das pátrias e a destruição dos lares; rompe e põe em fuga as falanges aliadas. A obediência, ao contrário, salva, na maioria das vezes, a vida dos que se deixam governar.

Portanto, cumpre defender as instituições e não ceder, de modo algum, a uma mulher. Se for preciso cair do poder, é melhor cair pela mão de um homem, porque, assim, não poderão rir-se de nós, dizendo que fomos derrotados por mulheres.

CORO

Se não nos enganarem nossos anos,*
parece-nos sensato o que disseste.

**Nossos anos*. Nossa idade, a velhice. (*N. do T.*)

HÊMON

Pai, os deuses acenderam na alma humana a razão, que é o maior de todos os bens. Ora, eu não poderia nem saberia dizer em que ponto tu não falaste bem. Contudo, também outros podem ter boas ideias. Minha condição de filho manda-me ver todas as coisas antes de ti, tudo o que se diz, se faz e se critica. Tua presença severa inspira temor aos cidadãos comuns; por isso, não ousam dizer-te coisas que não gostarias de ouvir. A mim, ao contrário, me é possível ouvir, na sombra, opiniões, murmúrios, comentários, ouvir como a cidade chora a sorte dessa jovem, dizendo que por causa de nobilíssima ação vai perecer ignominiosamente, tal qual a mais vil de todas as mulheres; ela, que não permitiu que seu irmão, morto em duelo, ficasse insepulto para pasto de cães ferozes e das aves de rapina. Não é ela, ao invés, digna de áurea coroa de glória? Eis o que se diz, à surdina, no silêncio das sombras. Para mim, pai, nada é mais precioso do que o teu bom êxito. Que motivo de orgulho maior pode haver, para os filhos, que a glória de um pai bem-sucedido e próspero? E um pai, a que glória maior pode ele aspirar que a prosperidade dos filhos?

Guarda-te, pois, de te apegares a um só modo de pensar, crendo que o que dizes, e por seres tu que o dizes, exclui qualquer outra possibilidade de ver e sentir as coisas.

Aquele que pensa que só ele é sensato e que julga possuir o monopólio das palavras e das ideias justas, quando exposto à luz, aparece vazio.

Não é nenhuma vergonha, nenhuma desonra, mesmo para o sábio, aprender novas coisas e não ficar aferrado à própria opinião. Considera as árvores que estão à beira das torrentes hibernais: todas as que se dobram salvam os ramos, enquanto as que resistem são desarraigadas e totalmente destruídas. Da mesma forma, aquele que esticasse com toda a força a cordoalha do seu navio e mantivesse as velas sempre retesadas, acabaria virando a nau e teria de fazer o resto da viagem com ela emborcada.

Cede também tu como a árvore à torrente e o piloto à borrasca. Esquece a cólera e revoga o teu decreto. Se algum juízo pode ser emitido por mim, se bem que jovem como sou, direi que o ideal para o homem seria nascer cheio de ciência e ser superior em todos os conhecimentos, mas isso não costuma acontecer. É bom, portanto, que o homem aprenda também dos que falam com acerto.

CORO

É justo, ó rei, que aceites o que há de oportuno
nas palavras que dele ouviste; e tu, acolhe
o que há de bom nas de teu pai, pois cada qual
expôs suas ideias com sabedoria.

CREONTE

Nós, provectos em anos, receberemos lições de sabedoria de um jovem dessa idade?

HÊMON

Nada aprendes de quem não tem competência. Se eu sou jovem, não é a idade que se deve olhar, mas os fatos, as obras.

CREONTE

Seria uma obra louvável isso de honrar os rebeldes?

HÊMON

Jamais poderia eu aconselhar que se honrem os maus.

CREONTE

E essa mulher não foi acometida por esse mal?

HÊMON

Contesta-o, à uma, todo o povo de Tebas.

CREONTE

Acaso é o povo que deve dizer-me como devo governar?

HÊMON

Não percebes que o que afirmaste é próprio de um jovem temerário?

CREONTE

É em benefício dos outros ou em meu próprio benefício que devo reger esta terra?

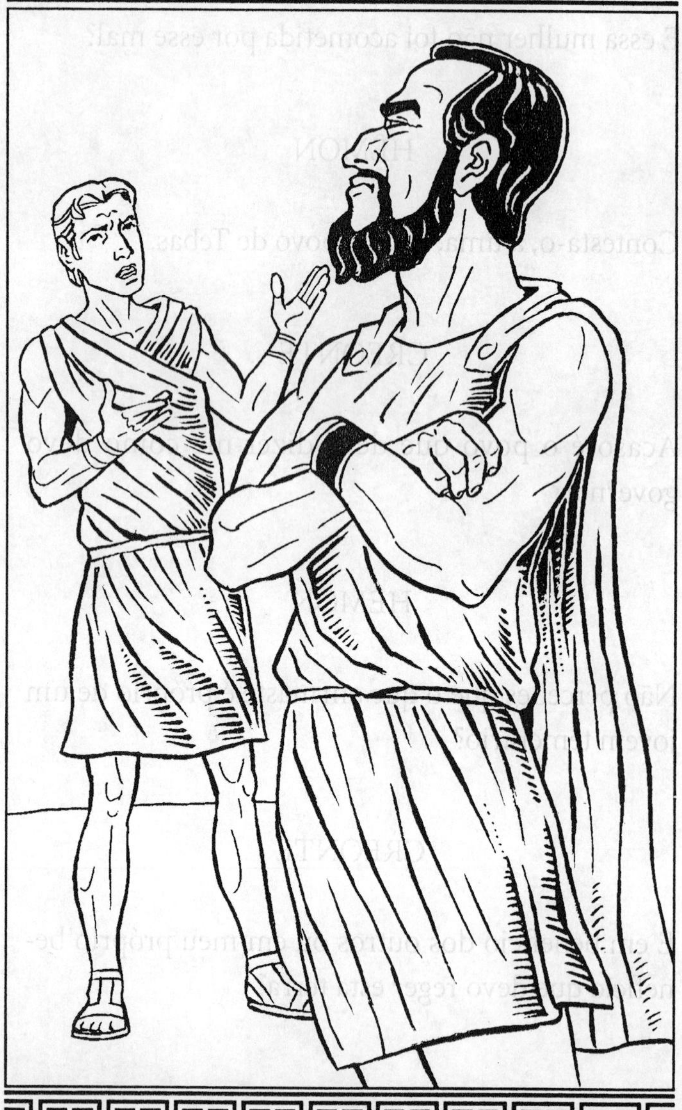

HÊMON

Esta cidade não é de um homem só.

CREONTE

Porventura não é costume considerar que a cidade é dos que a governam?

HÊMON

Se assim fosse, haverias de governar sozinho um deserto.

CREONTE

(Dirigindo-se ao Coro.) Este, ao que parece, luta pela mulher, sua aliada.

HÊMON

Se és essa mulher, luto por ti, pois é por ti que me preocupo.

CREONTE

Ó péssima criatura! Tu agora brigares com teu pai?

HÊMON

Vejo que pecas contra a justiça.

CREONTE

Peco contra a justiça porque faço respeitar minha autoridade?

HÊMON

Não a respeitas, por certo, espezinhando as honras que se devem aos deuses.

CREONTE

Ó alma depravada, que se deixa vencer por uma mulher!

HÊMON

Mas, pelo menos, não sou escravo de ideias vis.

CREONTE

Tudo quanto dizes é sob o domínio e em favor daquela mulher.

HÊMON

E também em favor de ti, de mim e dos deuses infernais.

CREONTE

Não a desposarás enquanto ela viver.

HÊMON

Ela, pois, vai morrer e, morrendo, levará alguém consigo.*

**Levará alguém consigo.* Causará a *morte* de alguém. Creonte entendeu que Hêmon iria matá-lo. Por isso faz a próxima pergunta. (*N. do T.*)

CREONTE

Atreves-te a proferir tão temerária ameaça?

HÊMON

Como pode ser ameaça eu falar contra ideias ocas?

CREONTE

Haverás de me dar razão chorando. Tu é que és insensato e vazio de juízo.

HÊMON

Se não fosses meu pai, eu diria que não tens juízo.

CREONTE

Escravo de mulher, não me importunes com palavreado.

HÊMON

Dizes injúrias e depois não queres ouvir a réplica?

CREONTE

Verdade? Fica sabendo – afirmo-te pelo Olimpo – que não é sem lágrimas que me injurias com censuras insolentes.

Dirigindo-se aos servos.

Trazei aqui essa abominável mulher para que seja morta imediatamente na presença e debaixo dos olhos do noivo.

HÊMON

Isso jamais acontecerá, podes acreditar, nem ela haverá de morrer perto de mim. E tu, com esses teus olhos, não me verás nunca mais. Guarda a tua fúria para os amigos que quiserem te suportar.

Hêmon, muito irritado, sai precipitadamente.

CORO

A cólera, senhor, fê-lo sair com ímpeto.
Demais acabrunhada está sua alma jovem
e em nós suscita pensamentos inquietantes.

CREONTE

Agora que se retirou, pense e faça o que quiser, e mais ainda. O que ele não fará é livrar essas duas moças do seu destino.

CORO

Pretendes realmente, ó rei, matar as duas?

CREONTE

A que não participou da obra, não. A pergunta procede.

CORO

E de que modo deve perecer a outra?

CREONTE

Vou levá-la a um lugar onde não haja trilha palmilhada pelo homem e encerrá-la viva numa caverna escavada na rocha, dando-lhe o alimento estritamente necessário para não se cometer sacrilégio, a fim de que mancha alguma afete a cidade.* Ali, ela, que pede para ir à casa de Hades, única divindade que venera, haverá de aprender a não morrer ou, pelo menos, reconhecerá que honrar os habitantes de Hades é coisa supérflua e inútil.

CORO

Estrofe

Amor, em teus combates invencível,
Amor, que os bens dos homens arrebatas,
brilhas nas tenras faces das donzelas,
passeias sobre os mares e até chegas
à rústica morada do campônio.
Ninguém pode fugir ao teu domínio,
não importa se é mortal ou imortal.
Quem te acolhe enlouquece, perde o senso.

---

*O decreto de Creonte previa a pena de lapidação para aquele que ousasse sepultar Polinices. Tal pena implicava derramamento de sangue e constituía um ato ímpio, um sacrilégio, se aplicada a mulher virgem. Esse foi o principal motivo que levou Creonte a matar Antígona de fome. (*N. do T.*)

Antístrofe

Até os bons arrastas para o mal,
desnorteando-lhes a mente e o senso,
para precipitá-los na ruína.
Quem, senão tu, acendeu a discórdia
que ora subverte uma família inteira?
Subjuga o claro olhar da jovem núbil*,
fascina, atrai, possui a mesma força
das grandes leis eternas. É invencível
Afrodite**, que faz do Amor joguete.

*Aproxima-se Antígona, conduzida
por dois guardas.*

Mas eis-me, também eu, a transgredir
as leis: não posso reprimir as lágrimas,
ao ver Antígona ser conduzida
para o leito onde todos adormecem.

**Jovem núbil.* Jovem em idade de casar (*N. do T.*)

***Afrodite.* Deusa do amor e da beleza, nascida da espuma do mar. (*N. do T.*)

Quarto episódio

1
Antígona, Creonte e o Coro

ANTÍGONA

Eis-me aqui, cidadãos do pátrio solo,
a empreender minha última viagem,
a contemplar, pela última vez,
a luz do sol, que não verei jamais.
Hades, que a todos adormece, vai
levar-me viva às praias do Aqueronte*.
sem himeneu e sem que ninguém cante
o hino nupcial de minhas bodas,
porquanto eu vou casar com Aqueronte.

CORO

Mas é com glória e muito enaltecida
que desces para a habitação dos mortos;
não é nem consumida por doença

**Aqueronte.* Rio que circundava os infernos e que ninguém podia atravessar duas vezes. O barqueiro que transportava a alma dos mortos chamava-se Caronte. (*N. do T.*)

nem destruída por brutal espada,
mas simplesmente por vontade tua
que vais descer para a mansão de Hades,
exemplo singular entre os mortais.

ANTÍGONA

Contudo, ouvi dizer que uma estrangeira,
de nome Níobe*, filha de Tântalo,
nascida em Frígia, teve fim tristíssimo
no monte Sípilo, onde a envolveu,
tal como a hera que se agarra aos muros
pétrea vegetação, que a foi matando.
A chuva e a neve nunca a abandonaram–
contam –, e a moça se desfaz em lágrimas
que, copiosas, descem de seus olhos,
banhando-lhe perpetuamente o colo.
De todo igual a esta, um deus me leva
para me adormecer em leito eterno.

Níobe. Rainha lendária da Frígia, filha de Tântalo (filho de Zeus) e mulher de Anfião. Por ter escarnecido de Leto, mãe de Zeus, este se vingou matando-lhe os filhos e transformando-a numa estátua chorosa, no monte Sípilo, na Frígia. (*N. do T.*)

CORO

Mas Níobe era deusa e nós, mortais.
Contudo, é grande honra para ti
participar da sorte de uma deusa,
em vida e logo mais após a morte.

ANTÍGONA

Ai! É um belo escárnio o que disseste.
Por que – pergunto pelos deuses pátrios –,
por que insultar a mim ainda em vida,
em vez de o fazer depois de morta?
Ó pátria, ó cidadãos enriquecidos.*
fontes do Dirce e sacrossantos bosques
da gloriosa, da guerreira Tebas,
ao menos vós me sereis testemunhas
de como, vítima de iníquas leis,
parto, sem ser chorada por amigos,
para esse cárcere, em rocha cavado,
que há de ser meu insólito sepulcro.
Infeliz! Viva e morta ao mesmo tempo!
Já não pertenço aos vivos nem aos mortos!

**Cidadãos enriquecidos*. Em Tebas eram muitos os cidadãos afortunados. (*N. do T.*)

CORO

Chegaste a extremos de audácia, filha,
arrojando-te contra o excelso trono
em que se assenta a impávida Justiça.
Decerto estás pagando por algum delito
de teu famoso pai, quando era rei.

ANTÍGONA

Acabas de ferir meu coração
avivando-me as dores mais pungentes,
as aflições provindas de meu pai
e as desgraças que pesam sobre nós,
a célebre família dos Labdácidas.
Ah! Maldições do tálamo materno!
Ah! Conúbio incestuoso de meus pais,
do qual nasci, desventurada filha!
Maldita, sem esposo, parto agora
para viver com eles. Irmão meu,
irmão no infortúnio, embora eu viva,
com tua morte me tiraste a vida.

CORO

Honrar os mortos, sem sombra de dúvida,
é um louvável ato de piedade,
mas o poder jamais permitirá
que se transgridam suas decisões.
Tua audácia levou-te à perdição.

ANTÍGONA

Sem uma lágrima de compaixão,
sem amigos nem cantos de himeneu,
desgraçada, estou prestes a encetar
a inevitável última viagem.
Tão infeliz, não mais me será dado
contemplar a sagrada luz do sol.
Será morte sem lágrimas a minha:
nenhum, nenhum amigo há de chorá-la!

Aparece Creonte, acompanhado de dois guardas.

CREONTE

(Aos guardas.) Acaso não sabeis que cantos lamentosos, à vista da morte, jamais teriam fim, se ao

condenado trouxessem algum proveito? Que estais esperando para retirá-la daqui? Conduzi-a sozinha, desacompanhada, e encerrai-a, como vos disse, na caverna, seja que ela queira morrer, seja que prefira ser sepultada viva nesta nova habitação. Minhas mãos estão puras no que concerne a esta jovem. Ela, porém, não conviverá mais com pessoas deste mundo.

ANTÍGONA

Ó túmulo, ó leito nupcial,
ó mansão subterrânea, eterno cárcere,
em direção ao qual eu estou indo
e onde irei me reunir aos meus,
dos quais a maioria já convive
com Perséfone*, na mansão de Hades!
A morte me ceifou antes do tempo.
Parto eu também, a última** de todos
e de todos a mais desventurada.
Parto, porém, com a firme esperança
de ser bem acolhida por meu pai,

*_Perséfone_. Esposa de Hades (ou Plutão) e rainha dos infernos (mansão dos mortos). (_N. do T._)

**_A última_. A última dos mortos, porque havia ainda Ismene, que não fora condenada à morte. (_N. do T._)

por ti também, minha querida mãe,
e também por ti, meu amado irmão,
porquanto, quando a morte vos ceifou,
eu lavei e vesti os vossos corpos
com minhas mãos e sobre a sepultura
eu derramei funéreas libações.
E agora, Polinices, por ter dado
honrosa sepultura a teu cadáver,
me pagam esse ato com a morte.

Erguendo os olhos ao céu.

Que lei divina tenho transgredido?
Que adianta a uma mísera como eu
erguer ainda os olhos para os deuses?
Que amigos chamarei em meu auxílio,
se, por ter feito um ato de piedade,
me lançam em rosto a mácula de impiedade?

Olhando para Creonte.

Se os deuses confirmarem que pequei,
só reconhecerei o meu delito
depois que houver sofrido a extrema pena.
Se, ao invés, o erro não foi meu,
peço para estes penas tão severas
quanto as que injustamente me impuseram.

CORO

Rajadas dos mesmos ventos
ainda agitam esta alma.

CREONTE

(Impaciente.) Essa demora vai custar gemidos aos que a devem conduzir.

ANTÍGONA

Ai de mim! Tais palavras me anunciam que a morte se aproxima, está bem perto!

CREONTE

Eu é que não te animo a esperar que a sentença não seja executada à risca.

(Enquanto é amarrada.)
Adeus, Tebas, cidade de meus pais!
Meu solo, minha pátria estremecida,
e vós, deuses de meus antepassados,
já me levam, a morte é inevitável!
Olhai, distintos próceres de Tebas,*
a última princesa que vos resta,
vede o que sofro e quem me faz sofrer
por ter cumprido um ato de piedade.

Antígona é retirada pelos guardas.

CORO

1ª estrofe

Também a bela Dânae** foi forçada
pelo pai a trocar a luz celeste
pelas trevas dum cárcere de bronze,

**Distintos próceres de Tebas*. Os cidadãos importantes, os tebanos mais ilustres, representados pelos anciãos do Coro. (*N. do T.*)

***Dânae*. Filha única de Acrísio, rei lendário de Argos, e de Eurídice. Seu pai, avisado por um oráculo de que um filho de Dânae o mataria, encarcerou-a numa torre de bronze e recusou dá-la em casamento aos príncipes que a solicitavam. Tudo inútil, porque Zeus, atraído pela beleza de Dânae, penetrou na torre sob a forma de chuva de ouro e fecundou a virgem, que lhe deu um filho, Perseu. Este, já adulto, depois de muitas proezas, acabou matando involuntariamente o avô. (*N. do T.*)

onde foi presa em leito sepulcral.
No entanto, era de sangue nobre, ó filha*!
E Zeus a fecundou em chuva de ouro,
e ela, a sós, conservou dentro de si
a semente de Zeus, gérmen de vida.
Que força formidável o destino!
Não lhe resistem nem poder nem ouro,
nem as muralhas e nem mesmo Ares
ou as soberbas naus que o mar açoita.

1ª antístrofe

Também Licurgo**, homem irascível,
filho de Drias e rei dos edônios,
foi algemado em cárcere de pedra,
devido à sua índole furiosa,
por ordem e vingança de Dioniso.
Assim, Licurgo purga, pouco a pouco,
a temível e indômita loucura.
Compreendeu que era pura insensatez
irritar, com palavras insolentes,

**Filha*. Antígona, embora não esteja mais em cena. Tratamento afetuoso. (*N. do T.*)

***Licurgo.* Rei lendário dos edônios, povo da Trácia. Opunha-se às alegres festas de Dioniso (Baco), que se vingou dele fazendo que seus súditos o encerrassem numa caverna. Licurgo, aqui, não é o célebre legislador de Esparta. (*N. do T.*)

o deus, quando tentava extinguir
os fachos das bacantes* e impedir
as musas de tocarem suas flautas.

2ª estrofe

Não longe dos Rochedos Cianeus**,
baliza de dois mares geminados,
estendem-se do Bósforo as praias
e a nada hospitaleira Salmidesso***,
na qual Ares, vizinho da cidade,
viu as cruéis e hórridas feridas
feitas por uma desumana esposa****
nos olhos dos dois filhos de Fineu*****,
feridas que extinguiram para sempre
a luz naqueles olhos arrancados
com mãos sangrentas de feroz mulher
munida de cortantes lançadeiras.

**Bacantes*. Sacerdotisas de Baco (Dioniso); mulheres que se dedicavam ao culto de Baco e o acompanhavam em seus alegres cortejos. (*N. do T.*)
***Rochedos Cianeus*. Situam-se na entrada do estreito do Bósforo (estreito que une o mar de Mármara ao mar Negro, entre a Europa e a Ásia). (*N. do T.*)
****Salmidesso*. Antiga cidade da Trácia, a cerca de 100 quilômetros do Bósforo. (*N. do T.*)
*****Desumana esposa*. A segunda esposa de Fineu. Veja a nota seguinte. (*N. do T.*)
******Fineu*. Rei lendário de Salmidesso. Casado com Cleópatra (filha de Bóreas e Orízia), teve dois filhos com ela. Repudiou sua esposa e a prendeu numa caverna para se casar com Eidoteia, que, por sua vez, encarcerou os dois filhos de Fineu e Cleópatra, depois de lhes ter arrancado os olhos com uma lançadeira de tear. (*N. do T.*)

2ª antístrofe

Prole de infaustas núpcias, os dois filhos
de Fineu, consumindo-se no cárcere,
choravam seu triste infortúnio.
A mãe*, da antiga estirpe de Erecteu**,
criara-se em aspérrimas cavernas,
ouvindo as tempestades de seu pai.
Corria como um árdego corcel
por montes e colinas alterosas.
Era filha de deuses imortais,
no entanto, as Moiras*** a golpearam, filha.

**A mãe*. Cleópatra, cujo pai, Bóreas, era rei dos ventos do norte, que ele mantinha presos em grandes cavernas. Quando os soltava, desencadeava as tempestades. (*N. do T.*)

***Erecteu*. Rei de Atenas. (*N. do T.*)

****Moiras*. As três divindades (Cloto, Láquesis e Átropos) que controlavam o destino dos mortais; personificavam o destino humano. Correspondiam às *Parcas* dos romanos. (*N. do T.*)

Quinto episódio

1
Tirésias, Creonte e o Coro

Guiado por um menino, entra o adivinho Tirésias, velho e cego.

TIRÉSIAS

Príncipes de Tebas*, vimos aqui pelo mesmo caminho. Dois enxergando pelos olhos de um só. Para os cegos não há outro caminho que o do guia.

CREONTE

O que há de novo, velho Tirésias?

**Príncipes de Tebas*. Essa expressão de Tirésias é dirigida aos anciãos do Coro. (*N. do T.*)

TIRÉSIAS

Já vou dizê-lo. E tu, atende um adivinho.

CREONTE

Certamente que até hoje nunca tenho desprezado os teus conselhos.

TIRÉSIAS

Por isso é que tens dirigido no bom rumo a nau da pátria.

CREONTE

Devo confessar que isto me trouxe benefícios.

TIRÉSIAS

Pensa, ao invés, que agora estás andando no fio da navalha da fortuna.*

**Andando no fio da navalha da fortuna.* A palavra *fortuna* tem aqui o significado de *sorte, destino.* Tirésias quis dizer que Creonte estava ameaçado de iminente desgraça. (*N. do T.*)

CREONTE

Mas o que há?! Arrepiam-me essas tuas palavras.

TIRÉSIAS

Haverás de saber, se deres ouvido aos presságios de minha arte. Estava eu sentado no meu ornitoscópico* assento, paradeiro de todas as aves, quando ouço uns estranhos pios de pássaros, uns guinchos furiosos e selvagens. Percebi que se estavam dilacerando cruelmente uns aos outros com as garras, pois ouvia-se distintamente o tatalar das asas. Amedrontado, tentei logo ler algum presságio nas chamas do fogo das vítimas sobre o altar. A chama, porém, não brilhou, mas das coxas das vítimas escorria um unto gorduroso e fumegante que borrifava as cinzas; o fel rechinava, projetando partículas para todos os lados, e os ossos das coxas ficaram despojados da gordura que os envolvia. Esses obscuros e desfavoráveis sinais do rito divinatório, soube-os deste rapaz, que é meu guia, como eu o sou dos outros.

**Ornitoscópico*. Relativo à ornitoscopia (observação do voo ou do canto das aves para se preverem acontecimentos futuros). (*N. do T.*)

A cidade está enferma por causa da tua decisão. Todos os nossos altares e aras estão infestados de pedaços do cadáver do infeliz filho de Édipo, trazidos por aves e cães. Os deuses, por isso, não acolhem as súplicas dos sacrifícios nem se manifestam nas chamas das vítimas nos holocaustos. As aves, cevadas na carne e no sangue do morto, não soltam pios de bom agouro.

Reflete bem nisso, filho: errar é próprio do homem; porém, quando se errou, não há nenhum desdouro, nenhuma leviandade em retratar-se e voltar atrás. A obstinação não passa de estupidez.

Cede, pois, a um morto. Não atormentes quem já morreu. Que coragem há em matar de novo quem já está morto? Estes meus conselhos só visam ao teu bem. Doce é aprender de quem dá conselhos acertados e úteis.

CREONTE

Ancião, como quem atira ao alvo, estais dirigindo as vossas flechas contra este homem. Quisestes agir contra mim, servindo-vos de vaticínios. Fui vendido pelos de minha própria família e, de há muito, tratado como mercadoria. Enriquecei, negociai com o electro de Sardes* e o ouro da Índia, se quiserdes, mas aquele é que não havereis de sepultar. Nem que as águias sagradas de Zeus quisessem levar pedaços do cadáver ao trono dele. Nem mesmo, por temor de semelhante mancha, consentiria eu que lhe dessem sepultura, pois sei que não há mortal capaz de contaminar os deuses.

Velho Tirésias, feias quedas dão os homens, até os mais astutos, quando, movidos por vis interesses, entrajam com belas palavras os seus pérfidos pensamentos.

TIRÉSIAS

Ah! Acaso sabe certa pessoa, porventura percebe...

CREONTE

O quê? Que significam essas palavras, que parecem dirigir-se ao orbe inteiro?

---

*O *electro de Sardes. Sardes* era a capital da Lídia, na atual Turquia. Era famosa por suas riquezas. *Electro:* metal resultante de uma liga de ouro e prata. (*N. do T.*)

TIRÉSIAS

... que os bons conselhos são o bem mais precioso?

CREONTE

Sim, e a insensatez é a maior das desgraças.

TIRÉSIAS

Pois é, precisamente, desta doença que estás gafado.

CREONTE

Não quero devolver insultos a um adivinho.

TIRÉSIAS

Pois é o que fazes, afirmando que meus vaticínios são mentiras.

CREONTE

Os adivinhos são todos uma raça amiga do dinheiro.

TIRÉSIAS

E a dos tiranos morre pelos lucros ilícitos e sórdidos.

CREONTE

Sabes tu que é a um rei que estás dizendo isso?

TIRÉSIAS

Sei, mas foi graças a mim que salvaste a cidade.

CREONTE

Sábio adivinho tu és, mas também muito dado a injustiças e maldades.

TIRÉSIAS

Tu me animas a dizer coisas que deveriam ficar veladas no fundo da alma.

CREONTE

Dize-as, mas com a condição de não falares com intuitos de lucro.

TIRÉSIAS

Creio, ao contrário, que o que vou dizer-te só visa a teus interesses.

CREONTE

Fica sabendo, em todo caso, que não comprarás a minha decisão.

TIRÉSIAS

(Enfático e solene.) Fica sabendo, por tua vez, que a roda veloz do Sol muitas vezes não há de perlustrar o céu sem que tu dês, em troca de dois mortos, um de teus filhos morto, porquanto lançaste para as profundezas o que é daqui em cima, um vivente*,

---

**Um vivente*. Antígona. (*N. do T.*)

encerrando-o ignobilmente numa tumba, enquanto retiveste aqui em cima, sem sepultura nem honras fúnebres, um morto, que é posse dos deuses ínferos. Não é permitido nem a ti nem mesmo aos deuses súperos fazer isso. Os deuses haverão de castigar-te.

Vingadoras infalíveis e inexoráveis desses crimes, as Fúrias de Hades e dos deuses já te espreitam, emboscadas, para te infligirem os mesmos males que causaste aos outros. Considera, agora, se é corrompido pelo dinheiro que te digo essas coisas. Não passará muito tempo sem que se elevem, no teu palácio, tristes lamentações de homens e mulheres. Contra ti estão se levantando todas as cidades cujos filhos foram sepultados, aos pedaços, ou pelos cães, ou pelas feras, ou por alguma ave de rapina, levando o cheiro impuro aos lares da terra onde nasceram.*

Já que me ultrajaste, apara lá estes dardos que eu, qual arqueiro, disparo, irado e com certeiro olho, contra o teu coração e de cujo ardor em vão tentarás esquivar-te.

---

*Deduz-se do texto que o decreto de Creonte atingia não somente Polinices, mas também os outros chefes aliados que morreram lutando contra Tebas. (*N. do T.*)

(Dirigindo-se ao guia.) Filho, leva-me para casa e deixa que este ceve a sua cólera nos mais moços e aprenda a manter a língua mais calma e a nutrir na mente juízos mais sãos.

Sai Tirésias, guiado pelo rapaz.

CORIFEU

Senhor, o homem já se retirou.
Misteriosos e terríveis
os vaticínios que ele proferiu.
Confesso-te que, desde a minha juventude
até hoje, na idade dos cabelos brancos,
esse adivinho nunca propalou
pela cidade falsas profecias.

CREONTE

Eu também sei disso. O meu espírito está conturbado. Duro é ceder, mas se me obstino, arrisco-me a estilhaçar a minha cólera contra a dureza do destino.

CORIFEU

É necessária muita prudência,
Creonte, filho de Meneceu!

CREONTE

Que devo, pois, fazer? Dize, que eu te obedecerei.

CORIFEU

Consente que a donzela seja libertada
do subterrâneo cárcere quanto antes
e manda erguer um túmulo ao morto.

CREONTE

É isso, pois, que aconselhas e... julgas bom que deva ceder?

CORIFEU

Quanto antes, senhor, que a vingança das Fúrias
alcança subitaneamente os insensatos.

CREONTE

Infeliz de mim! É duro revogar a sentença, contudo, cederei, para fazer o que aconselhas. Não há como lutar contra as forças superiores da fatalidade!

CORIFEU

Executa tu mesmo essa tarefa agora;
a nenhum outro a deves confiar.

CREONTE

Vou imediatamente. Ide, ide, servos, os que estais aqui e os que não estais. Ferramentas na mão e correi para o local do cárcere.

Já que mudei de opinião, devo agora desatar eu mesmo o que com as minhas mãos atei. Penso que é melhor viver obedecendo às leis divinas.

CORO

1ª estrofe

Poliônimo*, orgulho da virgem de Cadmo!**
filho do onipotente Zeus tonitruante,
zeloso protetor da celebrada Itália,
ó Baco, tu que reinas no vale profundo
da deusa de Elêusis***, seio acolhedor
das multidões peregrinas;
ó Baco, tu que habitas a gloriosa Tebas,
metrópole das bacantes, cidade
nascida das sementes do feroz dragão,
banhada pelas plácidas águas do Ismeno****.

**Poliônimo*. Que tem muitos nomes. Epíteto atribuído a Baco, também denominado Dioniso etc. Nesta estrofe e nas seguintes, o Coro canta e dança em honra de Baco, para manifestar sua alegria pela decisão de Creonte de libertar Antígona e, assim, evitar as desgraças preditas por Tirésias. (*N. do T.*)

***Virgem de Cadmo*. Semeie, filha de Cadmo e mãe de Baco. (*N. do T.*)

****Deusa de Elêusis*. Deméter, deusa da fecundidade e dos frutos da terra. Era cultuada em grande e rico templo, em Elêusis, cidade da Ática, perto de Atenas. (*N. do T.*)

*****Ismeno*. Rio que passa por Tebas. (*N. do T.*)

1ª antístrofe

Na rochosa montanha de dois picos*
contemplam-te as fumegantes tochas**
a decantada fonte de Castália***,
ali onde as formosas ninfas de Corícia****,
tuas bacantes, formam teu cortejo.
As encostas do sobranceiro Nisa*****,
atapetadas de hera, e as colinas
cobertas de reverdejantes vinhas,
alegres te festejam, aclamando-te
com os sagrados cantos do evoé******,
quando te dignas a visitar as ruas
de Tebas, a imortal, de que és patrono.

**Montanha de dois picos.* O célebre monte Parnaso, a nordeste de Delfos. Na Grécia Antiga era consagrado a Apolo e às musas. Ainda hoje, alude-se a ele e dele deriva a palavra *parnasiano:* poeta *parnasiano,* poesia *parnasiana.* (*N. do T.*)

***Fumegantes tochas.* Referência aos fachos ou tochas que as bacantes portavam nos cortejos em honra de Baco. (*N. do T.*)

****Fonte de Castália.* Famosa fonte situada ao pé do monte Parnaso, consagrada às musas. Costuma-se aludir a ela como fonte de inspiração poética. (*N. do T.*)

*****Ninfas de Corícia.* Ninfas que viviam na caverna Corícia. As ninfas eram divindades subalternas dos rios, das fontes, bosques e montanhas. (*N. do T.*)

******Nisa.* Montanha da Grécia, na ilha Eubeia. (*N. do T.*)

*******Evoé.* Canto de evocação a Baco, nas orgias. (*N. do T.*)

2ª estrofe

Amas esta cidade mais que as outras todas,
tu e a que te gerou,* a quem feriu o raio.
E agora que este povo todo está doente,
vem salvá-lo com teu pé purificador,
passando pelo alto cume do Parnaso
ou pelo estreito** onde a água e o vento plangem.

2ª antístrofe

Ó regedor da dança das estrelas
e dos noturnos cantos, Ó filho de Zeus,
mostra-te, rei, com tuas companheiras,
as tiíades***, que pela noite adentro
te celebram com delirantes danças,
a ti, Íaco****, dispensador da riqueza.*****

**A que te gerou*. A mãe de Baco, Semele, ferida pelo raio de Zeus. (*N. do T.*)

***Pelo estreito*. O estreito do Euripo, entre a ilha Eubeia e o continente. Nele ocorre um fenômeno singular: quando o vento açoita as ondas, produz rumores semelhantes a gemidos. (*N. do T.*)

****Tiíades*. Bacantes. (*N. do T.*)

*****Íaco*. Outro nome de Baco. (*N. do T.*)

******Dispensador da riqueza*. Aquele que dá ou distribui a riqueza ou bens materiais. (*N. do T.*)

Êxodo*

**Êxodo.* A parte final da tragédia grega. (*N. do T.*)

1
Mensageiro, Corifeu, Eurídice, Creonte, Pajem e Coro

Entra o mensageiro.

MENSAGEIRO

Moradores vizinhos da casa de Cadmo e de Anfion,*
não há condição da vida humana que eu me atreva
a louvar ou a criticar.

A fortuna sempre tem soerguido desditosos e
derrubado gente feliz. Nenhum adivinho é capaz de
predizer se as coisas presentes são estáveis. A meu
ver, digno de inveja era Creonte, pois conseguiu
livrar dos inimigos esta terra de Cadmo.** Regendo
os destinos da pátria como senhor absoluto,

**Moradores vizinhos da casa de Cadmo e de Anfion*. Perífrase para dizer tebanos. Cadmo foi o fundador de Tebas. Anfion, personagem mitológico, que, segundo a lenda, teria construído os muros de Tebas ao som de sua lira. (*N. do T.*)

***Terra de Cadmo*. Tebas. (*N. do T.*)

prosperava feliz, cercado de generosa prole. Mas eis que agora tudo perdeu.

Homem que deixou de desfrutar os doces prazeres da vida, para mim não é mais um ser vivo, mas um cadáver animado. Sejam, se quiseres, infinitas as riquezas dentro do teu palácio, vive com toda a magnificência de um rei; se, porém, a isso tudo faltar o contentamento, eu não queria nem o mundo inteiro em troca da alegria.

CORIFEU

Que novos infortúnios anuncias da família real?

MENSAGEIRO

Morreram! A causa da morte foram os vivos.

CORIFEU

Mas quem é o assassino? Quem os são mortos? Dize!

MENSAGEIRO

Hêmon morreu! Ferido pela mão que não lhe era estranha.

CORIFEU

Qual? Pela mão do pai ou pela sua própria mão?

MENSAGEIRO

Ele mesmo, por sua própria mão, enfurecido contra o pai por causa do crime deste.

CORIFEU

Ah! Adivinho Tirésias!
Quão verdadeira a tua predição!

MENSAGEIRO

As coisas são essas. Agora é preciso pensar nas outras.

CORIFEU

Eis que vejo chegando a desditosa Eurídice,
esposa de Creonte, e vem em boa hora.
Terá saído do palácio por acaso
ou seria porque ouviu falar do filho?

Entra Eurídice, acompanhada de duas jovens.

EURÍDICE

Cidadãos, eu estava saindo para ir apresentar minhas súplicas à deusa Palas*, quando ouvi vossas conversas. Ao abrir a porta, feriu-me os ouvidos a notícia de uma desgraça na família. Tomada de terror, caí nos braços de minhas criadas e perdi os sentidos. Mas, dizei logo qual a desgraça. Haverei de ouvi-la preparada, que não me falta experiência nas provações da vida.

**Palas.* Epíteto de Atena, deusa grega da sabedoria, das ciências e das artes. É a Minerva dos romanos. (*N. do T.*)

MENSAGEIRO

Amada soberana, falarei como testemunha e não omitirei um ponto sequer da verdade. De que serve amenizar a tua dor agora, se depois os fatos vão provar que menti? Dizer a verdade é sempre mais acertado.

Tendo eu, pois, acompanhado, como guia, o teu esposo, a uma elevada planície, vi que ali ainda jazia, não chorado, dilacerado pelos dentes dos cães, o corpo de Polinices. Depois de rogar à deusa dos trívios e a Plutão que, benévolos, contivessem a cólera, lavamos religiosamente os restos mortais de Polinices, incineramo-los com ramos recém-cortados e erguemos-lhes, com a terra da pátria, um grande túmulo. Ato contínuo, dirigimo-nos à câmara nupcial* onde a noiva de Hades jazia em leito de pedra. Alguém ouviu, de longe, agudos gemidos que partiam daquele tálamo e veio logo informar ao rei Creonte. Este, já mais próximo do local, ao perceber uns sons confusos de tristes lamentos, deu um grande grito de dor, lamentando-se:

---

*_Câmara nupcial._ A caverna onde Antígona estava presa. (_N. do T._)

"Infeliz de mim! Será que o coração não me engana? Estarei eu andando pelo mais desgraçado caminho de quantos já andei? A voz de meu filho me perturba. Vamos, servos, ide depressa e, chegando ao sepulcro, removei as pedras que fecham a entrada da caverna, penetrai nela e atentai se a voz é de Hêmon ou se são os deuses que me estão enganando."

Obedecendo às ordens do nosso desolado rei, constatamos isto: bem no fundo da caverna tumular vimos a moça suspensa pelo pescoço, enforcada num laço feito de tiras de pano, enquanto Hêmon, abraçando-a pela cintura, lamentava a morte da noiva – crime do pai – e as infelizes núpcias. O pai, assim que o vê, solta um gemido terrível, corre para junto do filho, bradando-lhe entre lamentos: "Infeliz! O que é que fizeste? Que ideia foi a tua? Que desgraça foi que te transtornou o juízo? Sai daqui, filho, eu te imploro!"

O filho, porém, crava-lhe dois olhos ferozes, cospe-lhe no rosto e, sem dizer palavra, desembainha a espada para atacá-lo. O pai frustra-lhe o golpe, esquivando-se. O infeliz, então, furioso, sem mais, atira-se contra a espada, que se lhe enterra no lado até o meio e, vivo ainda, envolve a virgem com os desfalecidos braços. Arfa-lhe o peito, e o sangue, espadanando, vai borrifar de púrpura o pálido rosto da companheira morta.

Lá jaz agora o seu cadáver junto ao dela. Coube-lhe em sorte, ao desditoso, celebrar os ritos nupciais na morada de Hades, mostrando bem claramente que a insensatez é o maior dos males que infelicitam o homem.

Sai Eurídice, de cabeça baixa, sem dizer palavra.

CORIFEU

Que pensas desse gesto, mensageiro?
Estou pasmo. A rainha retirou-se
sem proferir sequer uma palavra,
nem boa nem má.

MENSAGEIRO

Eu também estou estupefato. Contudo, tenho esperança de que ela, ouvido o doloroso caso do filho, julgou melhor não lamentar-se em público, mas chorar a desgraça doméstica dentro de casa, diante de suas servas. Sobra-lhe juízo para não cometer algum desatino.

CORIFEU

Não sei. Pra mim, silêncio tão profundo
e gritos excessivos se equivalem.

MENSAGEIRO

Mas, entremos. Quem sabe se, além da dor, não estaria ocultando e reprimindo em seu magoado coração algum propósito secreto? Tens razão: excessivo silêncio é indício de alguma desgraça.

Sai o mensageiro e Creonte aproxima-se, trazendo com dois criados o corpo coberto de Hêmon.

CORIFEU

Eis que ali vem chegando o próprio rei
trazendo ele mesmo a clara prova
não já do crime de outrem cometido,
mas sim, se é que assim posso me expressar,
o corpo de delito do seu próprio crime.

CREONTE

Ah, erros de uma alma insensata e inflexível! Erros que acarretaram mortes! Vede, mortais, que estão juntos o assassino e o assassinado, membros da mesma família. Ah, infelizes determinações minhas! Ó meu filho! Jovem, morreste de prematura morte! Ai de mim! Ai de mim! Morreste, partiste desta vida não por culpa tua, mas por causa de minhas insensatas decisões.

CORIFEU

Ah! Tarde, muito tarde, enxergaste a justiça!

CREONTE

Mísero que sou! Agora estou vendo que foi algum deus que naquela hora me golpeou a cabeça e me empurrou para cruéis caminhos, deitando ao chão e conculcando a minha ventura. Ai, ai, canseiras dos mortais!

Um pajem do palácio real chega correndo.

PAJEM

Senhor, pareces um homem que possui todos os males: desgraças aqui presentes, desgraças dentro de casa, que já haverás de ver.

CREONTE

Que há? Porventura desgraça ainda maior que esta?

PAJEM

A tua esposa, a mãe infeliz deste morto, acaba de morrer, em consequência de recentes ferimentos.

CREONTE

Ah! Insaciável porto de Hades! Por que me arruínas assim? Por quê? Ó mensageiro de infortúnios, o que dizes? Mataste a quem já estava morto. O que estás dizendo, filho? Que triste notícia me trazes? Infeliz, infeliz de mim! Sobre o cadáver do filho a morte juntou o da mãe, vítima da fatalidade?

PAJEM

Podes vê-la, pois não está mais no interior da casa.

Abre-se a porta central do palácio e aparece o corpo de Eurídice, trazido pelas jovens servas.

CREONTE

Nova desgraça diante de meus olhos! Como sou infeliz! Qual, qual a desgraça que ainda me está reservada? Nas minhas mãos trazia há pouco o cadáver de meu filho; agora, na minha frente está o cadáver de minha esposa. Ah! Ah! Mãe desventurada! Ah! Filho!

PAJEM

Estava a rainha ao pé do altar. Depois de lamentar a tristemente célebre morte de Megareu* e a sorte deste filho e, por último, lançando contra ti, assassino dos filhos, as piores maldições, com um punhal afiado apagou a luz dos olhos.

**Megareu*. Filho de Creonte e de Eurídice. Pereceu na luta para defender Tebas, juntamente com Etéocles. (*N. do T.*)

CREONTE

Infeliz, infeliz de mim! Tremo de medo. Não haverá ninguém para me cravar no peito um punhal de duplo fio? Mal-aventurado que sou! Ai! Ai! A que tristes calamidades me acho acorrentado!

PAJEM

Ao morrer, ela te acusou de seres a causa destas e das anteriores desgraças.

CREONTE

De que maneira suicidou-se ela?

PAJEM

Ao receber a pungente notícia da morte do filho, ela transpassou o coração com um punhal.

CREONTE

Ai de mim! A ninguém cabe a culpa destas desgraças, que não a mim. Fui eu que te matei, mulher, eu, um homem desgraçado! Confesso-o abertamente. Levai-me daqui, servos, levai-me o quanto antes, que eu sou menos que nada.

CORIFEU

É vantajoso o que ordenas,
se é que pode haver vantagem
em meio a tantas desgraças.
Os teus males, sendo curtos,
se tornam menos pesados.

CREONTE

Que venha, que venha a última, a mais desejada, a melhor das sortes, trazendo o término de minha vida. Que venha, que venha para que eu não mais veja a luz do dia...

CORIFEU

Isso pertence ao futuro.
Importa agora cumprires
os deveres do momento.
Disso que pedes se ocupe
quem tiver essa incumbência.

CREONTE

Contudo, aquilo que ora suplico é meu único desejo.

CORIFEU

Agora não peças nada,
pois não pertence aos mortais
afastar os infortúnios
fixados pelo destino.

CREONTE

Retirai daqui este homem insensato e inútil, o qual..., ó filho, sem querer, te matou e a ti também,

Eurídice! Ai! Desventurado! Não sei em qual dos dois pousar os olhos, não tenho aonde volver-me. Só me resta em mãos a desgraça. Assim, desabou sobre minha cabeça um destino insuportável.

Sai Creonte lentamente, conduzido ao palácio pelos pajens.

CORO

O fundamento da felicidade
sempre foi e será a sensatez.
Jamais se deve ser irreverente
com os deuses. A empáfia nas palavras
acarreta aos soberbos terríveis castigos
e, afinal, na velhice, lhes ensina
a ser prudentes, moderados e sensatos.

fim